Judith Blacks

Dünne H

Judith Blackstone

Dünne Haut

Ein Handbuch für spirituell sensible Menschen

Aus dem Amerikanischen von Lisa Baumann

Arbor Verlag
Freiburg im Breisgau

Die Originalausgabe erschien unter dem Titel:
Belonging Here – A Guide for the Spiritually Sensitive Person

1. Auflage 2015

Titelbild: © 2015 Pobytov/istockphoto.com
Lektorat: Beatrix Schomberg
Druck und Bindung: Kösel, Krugzell
Hergestellt von mediengenossen.de

Dieses Buch wurde auf 100% Altpapier gedruckt und ist alterungsbeständig.
Weitere Informationen über unser Umweltengagement finden Sie unter
www.arbor-verlag.de /umwelt

www.arbor-verlag.de

ISBN 978-3-86781-131-6

Wichtiger Hinweis
Die Ratschläge zur Selbstbehandlung in diesem Buch sind von der Autorin sowie dem Verlag sorgfältig geprüft worden. Dennoch kann eine Garantie nicht übernommen werden. Bei ernsthafteren oder länger anhaltenden Beschwerden sollten Sie auf jeden Fall einen Arzt, Psychotherapeuten, Psychologen oder Heilpraktiker Ihres Vertrauens zu Rate ziehen. Eine Haftung der Autorin oder des Verlages für Personen-, Sach- und Vermögensschäden ist ausgeschlossen.

Inhalt

Einleitung 7

Teil I *Der Realization Process*

Kapitel 1 Verkörperung 21

Kapitel 2 Der Realization Process: Praktiken für verkörpertes spirituelles Erwachen 41

Kapitel 3 Heilung von Beziehungstraumata 73

Teil II *Spirituelle Sensibilität*

Kapitel 4 Dünne Haut: Die Herausforderung, Resilienz zu entwickeln 89

Kapitel 5 Auf der Erde landen: Die Herausforderung, sich zu erden 115

Kapitel 6 Das Weinen der Welt hören: Die Herausforderung, glücklich zu sein 137

Kapitel 7 Eine andere Gestalt annehmen: Die Herausforderung, authentisch zu sein 155

Kapitel 8 Fremdheit: Die Herausforderung der Akzeptanz 173

Anmerkungen 189

Über die Autorin 191

Spirituelle Sensibilität

Wir alle sind in der Lage, zu erwachen. Und doch zeichnen sich Menschen, die sich zu einem spirituellen Weg hingezogen fühlen, oft seit frühester Kindheit an durch eine gewisse Offenheit oder Sensibilität aus. Das kann sich auf vielerlei Weisen ausdrücken: in intensivem Wahrnehmungsvermögen, einer Fülle an Energie, außergewöhnlicher Gefühlstiefe oder einem Gespür für die Wahrhaftigkeit einer Situation. Ein jedes dieser Talente kann ein Tor in die subtilen spirituellen Dimensionen des Lebens darstellen und zu der bedingungslosen Liebe und Klarheit spiritueller Verwirklichung heranreifen. Allerdings können diese Gaben sobald sie sich in der Kindheit erstmals bemerkbar machen auch Schwierigkeiten verursachen und zu Beziehungskonflikten, geringer Toleranz für sensorische Reize oder dem Gefühl, nicht zu den Wertvorstellungen der eigenen Kultur zu passen, führen.

Die vielfältigen Herausforderungen, die spirituelle Sensibilität mit sich bringen kann, sowie die Abwehrstrategien, die Betroffene sich aneignen, um mit ihnen zurechtzukommen, können die Entwicklung beeinträchtigen und bis ins Erwachsenenalter bestehen bleiben. Sie können zu Hindernissen im persönlichen und spirituellen Leben werden. Sie können ein Gefühl der Entfremdung von der Welt, die uns umgibt, bewirken – und auch eine Entfremdung von uns selbst. Sogar Menschen, die seit vielen Jahren auf einem spirituellen Weg sind, sind zuweilen nicht in der Lage, über einen bestimmten Punkt in ihrer spirituellen Entwicklung hinauszugehen, weil der weiterbestehende Einfluss früherer Probleme sie daran hindert. Natürlich müssen alle Kinder Wege finden, um mit den jeweiligen Herausforderungen ihrer Umgebung zurechtzukommen, sowie auch mit der Tatsache, dass selbst die liebevollsten und sichersten Familien nicht immer grenzenlose Liebe und Sicherheit bieten können. Spirituell sensible Kinder allerdings sehen sich ganz besonderen Herausforderungen gegenüber. Schon früh leben sie mit einem Ausmaß an Wahrnehmung, emotionaler Erfahrung und Einsicht, das von den meisten Menschen um sie herum nicht geteilt wird.

Manche von ihnen haben sogar ein ungewöhnliches Äußeres. Ihre Körper wirken oftmals zarter oder durchlässiger als die Körper anderer, ihre Augen besitzen Tiefe und Strahlkraft. Ihre Gesichter und Körper sind oft fließend und ausdrucksstark, und ihre Emotionen können in ihrer Intensität den Raum zum Beben bringen. Sie können sehr „tiefgründig" wirken, so als ob sie von einem tieferen Ort in ihrem Inneren heraus in die Welt schauten.

Die Zartheit der Kinder kann dazu führen, dass sie sich im Vergleich zu Gleichaltrigen schwächer fühlen. Sie können zur Zielscheibe von Angriffen oder zu Außenseitern am Rande der Schulgemeinschaft werden. Während sie heranwachsen, sind sie sich ihrer Andersartigkeit oft sehr bewusst. So arbeite ich zum Beispiel mit einem jungen Mann, der seinen Körper stets nach innen hin zusammenzieht, als wolle er sich unsichtbar machen. Er fühlt sich nicht in der Lage, dem Urteil anderer Leute standzuhalten, und dennoch weiß er tief in seinem Inneren, dass er eine Gabe hat, die er nur schwer in Worte fassen kann.

Menschen, die spirituell offen sind, werden von der sie umgebenden Welt zutiefst beeinflusst. Für gewöhnlich besitzen sie viel Einfühlungsvermögen und erleben das emotionale und sogar physische Leiden anderer als sei es ihr eigenes. Sie können sich des Leides in der Welt so schmerzlich bewusst sein, dass es ihnen geradezu egoistisch erscheint, ihr eigenes Glück zu verfolgen.

Ein weiteres Anzeichen für spirituelle Sensibilität ist eine enorme Fülle an Energie. Alle gesunden Kinder haben etwas Lichtes und Lebhaftes an sich, doch spirituell begabte Kinder fallen oftmals durch ihre bemerkenswerte Ausstrahlung und ihren starken Willen auf. Das macht sie unter Umständen auch im Umgang schwieriger, fordernder und weniger fügsam als ihre Geschwister.

Menschen mit sehr viel Energie können sich selbst als größer und kräftiger wahrnehmen als andere. Als Kinder fühlen sie sich manchmal sogar kraftvoller als die Erwachsenen um sie herum. Manche Menschen mit diesem Gefühl von außergewöhnlicher Kraft entwickeln während sie heranwachsen Angst davor, ihr Wesen in seiner ganzen Fülle wahrzunehmen und auszudrücken; sie fürchten, sich dadurch von anderen Menschen zu entfremden oder diese zu verletzen. Im Erwachsenenalter wirken sie dann vielleicht besonders schüchtern oder zaghaft, während von ihrer Vitalität kaum etwas zu sehen ist. Oft bringen sie die Sorge zum Ausdruck, anderen „zu viel" zu sein.

Energie kann als Vitalität, aber auch als Fluidität wahrgenommen werden. Wenn Menschen sich innerlich eher fließend statt kraftvoll empfinden, nehmen sie sich meist als äußerst formbar und leicht beeinflussbar wahr. Statt wie eine begrenzte, eigenständige Einheit fühlen sie sich durchlässig, so als ob alles Mögliche aus der Außenwelt in sie hineingelangen könne oder sie in das sie umgebende Leben „auszulaufen" drohten. Sie können das Gefühl haben, mit Menschen, denen sie begegnen, zu „verschmelzen" oder sogar deren Identität anzunehmen. „Ich bin wie ein Chamäleon", sagte eine Frau zu mir, „ich werde zu meiner Umgebung." Die Erfahrung, mit anderen Menschen oder Dingen zu verschmelzen oder gar zu ihnen zu werden, kann zwar durchaus freudvoll sein, aber sie erzeugt auch Verwirrung und Erschöpfung, einen Verlust der eigenen Verankerung. Man ist sprichwörtlich „durch den Wind". Menschen, die sehr fließend sind, verlieren außerdem leicht die Erdung oder werden diffus. Als Kinder können sie sich, um die Wucht schmerzhafter oder überfordernder Umstände zu mildern, mittels ihrer übersprudelnden Energie aus ihrem Körper nach oben erheben oder über ihre körperlichen Begrenzungen hinausbegeben. Im Erwachsenenalter kann dieser chronisch ungeerdete Zustand dann Ängstlichkeit und Desorientierung verursachen. Die Betroffenen spüren, dass ihnen ein Fundament für ihre enorme Energie und das Gefühl der

Verbundenheit mit der Erde fehlt. Ich arbeitete mit einer Frau, die kaum ihre Füße auf dem Boden spüren konnte; am lebendigsten fühlte sie sich in ihrem Kopf oder sogar ein Stück oberhalb davon. Sie klagte oft über die mangelnde Unterstützung seitens ihrer Familie und ihrer Kollegen, und darüber, dass sie alles selber machen müsse. Doch als sie schließlich spüren konnte, dass sie vom Boden unter ihren Füßen getragen wurde, hörte diese Klage auf. Sie sagte, dass alles, was sie tat, weniger mühevoll sei, wenn sie spüre, wie sie auf dem Boden ruhe.

Die Tiefe und Offenheit spirituell sensibler Kinder bringt es mit sich, dass sie sehr leicht und tief verletzbar sind, zum Beispiel, wenn ein Elternteil schnell wütend oder enttäuscht ist oder sich von dem Kind abwendet. Eine Frau sagte über die Beziehung zu ihren Eltern: „Ich konnte jede Veränderung und jede Nuance ihres emotionalen Zustands wahrnehmen.“ Solche Kinder können intensiv von Ereignissen betroffen sein, die auf ihre Geschwister sehr viel weniger Eindruck machen. Das Ergebnis davon kann sein, dass sie zum „Indexpatienten“ werden und ihr Schmerz oder ihre Wut bei den anderen Familienmitgliedern bloße Verwunderung oder Spott hervorruft.

Spirituell sensible Kinder können ihre Erfahrung und ihren Selbstausdruck mit besonderem Nachdruck und großer Willenskraft unterdrücken. Um sich gegen emotionalen Schmerz zu schützen oder sich der Familie oder den Gleichaltrigen anzupassen, können sie tiefgehende Fragmentierungen und Blockaden in ihrem Körper erzeugen. Das Ergebnis ist oft ein frappierendes Missverhältnis in ihrer persönlichen Entwicklung: als Erwachsene weisen sie eine ungewöhnliche Mischung an Reife und Unreife, an Offenheit und Rigidität auf. Ein Mensch kann sehr mitfühlend und zu tiefem emotionalen Kontakt zu anderen in der Lage sein, und zugleich im Becken derart starke Blockaden aufweisen, dass er intime Beziehungen vermeidet. Eine andere Person mag außergewöhnliche Weisheit und Freundlichkeit ausstrahlen, sich aber in ihrem stimmlichen Ausdruck so beengt fühlen, dass sie ihre eigenen Bedürfnisse und Einsichten nicht äußern kann.

Manchmal drücken Kinder ihre spirituelle Sensibilität ganz direkt aus und beschreiben Phänomene wie das Sehen von subtilem Licht oder das

Erlebnis, aus dem Körper herauszuschweben und ähnliches mehr. Wenn ihre Berichte in der Familie auf Unglauben oder Zurechtweisungen treffen, suchen sie manchmal nach einem sinngebenden Kontext für ihre Erfahrungen. Ich kenne einen Mann, der als kleines Kind stets Licht um andere Menschen herum sah. Seine Eltern wiesen seine Erzählungen zurück, doch er bemerkte, dass das Licht den Heiligenscheinen der Engel, die auf die Wände der Kirche gemalt waren, ähnelte. Er behielt diese Assoziation für sich, war aber doch fasziniert von der Ähnlichkeit zwischen gewöhnlichen Menschen und Engeln; und das Wissen, dass das, was er sah, auch schon von anderen gesehen und dokumentiert worden war, beruhigte ihn. Diese Interpretation war ihm sehr nützlich, denn sie gestatte ihm, seinen subtilen Blick zu behalten und weiterzuentwickeln, was später seinen außergewöhnlichen Fähigkeiten als Heiler zugutekommen sollte.

Andere Kinder hingegen ziehen aus ihren Wahrnehmungen und Erfahrungen weniger harmlose Schlüsse, die sich dann unter Umständen zu fantastischen Glaubenssystemen auswachsen und sie als Erwachsene in ihrer Teilhabe am Leben einschränken. Ich kannte eine Frau, die seit ihrer Kindheit Ereignisse voraussagen konnte, zum Beispiel den Tod von Verwandten oder das Geschlecht ungeborener Kinder. Sie wuchs in dem Glauben heran, „übernatürliche Kräfte" zu haben, was ihre vollkommene Andersartigkeit von allen anderen Menschen begründete. In Kombination mit der Entfremdung von ihrer Familie und der religiösen Erziehung in ihrer Kindheit wurde dieser Glaube zu einer Quelle der Panik davor, einen ebenso schrecklichen Tod wie Jesus zu sterben, sollten ihre Kräfte je ans Licht kommen. Auch als Erwachsene brauchte sie noch viele Jahre, ehe sie entdeckte, dass noch andere Menschen mit ähnlichen Gaben existierten, und dass man sie für ihre Fähigkeiten wertschätzen anstatt wie befürchtet verfolgen könnte.

Aufgrund ihrer Sensibilität, ihrer emotionalen Empfindsamkeit und ihres Verständnisses für den Schmerz der anderen Familienmitglieder fühlen sich spirituell begabte Kinder manchmal reifer als die Menschen um sie herum und wirken auch so. Sie scheinen „alte Seelen" zu sein, wachsam für das Leiden, die Scheinheiligkeiten und die Verwicklungen im

Familienleben. Diese Eigenschaft bringt sie oft in die Rolle der Vertrauten oder sogar des Retters der Familie, derjenigen Person, die für jedermanns Probleme ein Ohr hat. Sie fühlen sich oft, als seien sie in ihrer Familie die einzigen, die wissen, was unter dem Deckmantel von Normalität und Ordnung wirklich vor sich geht. Doch wenn ihre Beobachtungen nicht bestätigt werden, können sie anfangen, ihre eigenen Sinne oder sogar ihre geistige Gesundheit in Frage zu stellen. Sie fühlen sich vielleicht schuldig aufgrund ihrer Wahrnehmungen oder weil es ihnen nicht gelingt, die Not ihrer Eltern und Geschwister zu lindern.

Kinder, die sich gewissermaßen älter als ihre Eltern oder Lehrer fühlen, können in dem Glauben heranwachsen, es gäbe niemanden, der ihnen wirkliche Orientierung oder Unterstützung bieten kann. Daher fehlt ihnen oft das Gefühl, sicher in der Welt zu stehen. Auch wenn sie starke Unabhängigkeit ausstrahlen, so hegen sie doch ein tiefes Bedürfnis nach jemandem, der sich endlich um sie kümmert. Mitunter haben Sie den Eindruck, niemals ein Kind gewesen zu sein und zugleich niemals wirklich erwachsen zu werden.

Vielleicht sind sie auch der Meinung, dass niemand wirklich in der Tiefe ihres Wesens mit ihnen in Kontakt kommen oder sie wahrhaftig verstehen kann; oder dass sie sich von anderen distanzieren müssen, um wirklich sie selbst zu sein. Der Mangel an authentischem Kontakt zu Bezugspersonen in der Kindheit kann die Entwicklung des Kontakts zu sich selbst ebenso empfindlich stören wie die Fähigkeit, sich anderen nahe zu fühlen.

Spirituell sensible Menschen haben es oft schwer, wirkungsvolle Psychotherapie zu finden. Auch wenn sie an den gleichen psychischen Erkrankungen leiden wie andere Menschen und meist auch über die üblichen Abwehrmechanismen verfügen, können die Ursachen dieser Probleme und somit auch die Wege zu ihrer Lösung für spirituell offene Menschen anders aussehen. Zudem kann es vorkommen, dass Psychotherapeuten, die eine solche Sensibilität an sich selbst nicht kennen, die enorme Empfindlichkeit spirituell sensibler Menschen gegenüber Reizen aus der Umgebung, die Intensität ihres emotionalen Schmerzes oder ihre Zurückweisung konventioneller sozialer Wertvorstellungen als ernsthaft pathologisch bewerten. Das heißt in der Konsequenz, dass ihre Gaben wie Symptome ihres Leids behandelt werden anstatt wie dessen Ursachen. Die Seiten ihrer selbst, von denen sie eigentlich wissen, wie wertvoll sie sind, werden durch die Therapie weder anerkannt noch gefördert.

Ich arbeite seit dreißig Jahren als Psychotherapeutin und spirituelle Lehrerin mit spirituell begabten Menschen. Nahezu all diese Menschen haben auf die eine oder andere Weise den Eindruck gehabt, nicht im Einklang mit der normalen Welt zu sein, so als ob sie nicht wirklich hier her gehörten. Ihre Dilemmata – sich zu sehr an sensorischen Reizen zu stören, ein unerträgliches Ausmaß an Empathie für das Leiden anderer zu empfinden, keine Filter für die Scheinheiligkeit und Brutalität der sie umgebenden Welt zu haben, nicht in der Lage zu wirklichem Kontakt mit anderen zu sein oder ihren wahren Platz im Leben nicht zu finden – gaben mir Anlass, dieses Buch zu schreiben. Die folgenden Kapitel bieten Möglichkeiten an, um sich in sich selbst und im eigenen Umfeld mehr zu Hause zu fühlen und zugleich die Gaben der Sensibilität, Gefühlstiefe und Einsichtsfähigkeit weiterzuentwickeln. Sie zeigen, wie diese Gaben zu Eintrittspforten sowohl in die alltägliche Welt geteilter menschlicher Verbundenheit als auch in die subtilste, spirituelle Dimension unseres Seins werden können.

Das Buch besteht aus zwei Teilen. Teil I stellt den Realization Process vor. Dabei handelt es sich um einen körperbasierten Ansatz für spirituelles Erwachen, der Heilung auf der psychologischen Ebene und auf der Beziehungsebene umfasst. Das erste Kapitel dieses Teils konzentriert sich auf das Thema Verkörperung und deren Auswirkungen auf unser Identitätsgefühl, unser Erleben von Gleichgewicht und Erdung, unseren Atem, unsere Energie und unsere Beziehungen zu anderen.

Wenn wir im Innenraum unseres Körpers leben, fühlen wir uns innerlich ganz und sind zugleich in der Lage, tief und authentisch mit der Welt um uns herum in Kontakt zu treten. Indem wir unseren Körper bewohnen, entdecken wir eine essenzielle Dimension unserer selbst, die ich *essenzielles Bewusstsein* nenne, und die unseren Körper und unser Umfeld als eine Einheit durchzieht. Da wir wahrnehmen, wie dieses subtile Bewusstsein unseren Körper durchzieht, stellt es die Basis des direkten Kontakts zu uns selbst und somit auch der Lebendigkeit und des Wohlgefühls in unserem eigenen Körper dar. Und da wir wahrnehmen, wie es unseren Körper und unsere Umgebung gleichzeitig durchzieht, ist es die Grundlage für das Gefühl des Einsseins mit allem und allen, die uns begegnen.

Die Beziehung zwischen Geist und Körper, oder auch Bewusstsein und Materie, ist seit Anbeginn unserer Geschichte eines der zentralen Mysterien des menschlichen Lebens und gilt unter den heutigen Wissenschaftlern und Philosophen weiterhin als das „schwierige Problem". Viele religiöse Traditionen ignorieren den Körper entweder oder verneinen ihn als etwas, das es zur Erlangung erhabenerer Zustände hinter sich zu lassen gilt; die meisten medizinischen Behandlungsweisen wiederum ignorieren den Einfluss des Geistes auf den Körper. Selbst wenn die Rolle des Geistes bei Krankheit und Heilungsprozessen anerkannt wird, ist davon oft in einer polarisierenden Weise die Rede, etwa vom „Geist, welcher der Materie überlegen ist".

Doch auch wenn die Beziehung zwischen Körper und Geist intellektuell und wissenschaftlich nicht erfassbar ist, lässt sich die Trennung von Körper und Geist auf der Erfahrungsebene auflösen. Unseren Körper zu bewohnen bedeutet, sich des kompletten Körperinnenraums bewusst zu werden. Wir nehmen wahr, dass wir aus der Transparenz und Strahlkraft des Bewusstseins bestehen. Gleichzeitig nehmen wir wahr, dass alles um uns herum ebenfalls aus eben dieser Transparenz besteht. Auf diese Weise offenbart sich durch die Integration von Körper und Geist die spirituelle Essenz unseres individuellen Seins sowie allen Lebens.

In Kapitel 2 werden die wichtigsten Praktiken des Realization Process vorgestellt. Die in diesem Kapitel und im weiteren Verlauf des Buchs beschriebenen Übungen stellen einen Weg dar, essenzielles Bewusstsein durch das Bewohnen des Körperinnenraums aufzudecken.

Indem wir den Kontakt zu unserem Inneren weiterentwickeln, eröffnen uns diese Praktiken eine Möglichkeit, extreme sensorische Sensibilität auszuhalten. Wenn wir essenzielles Bewusstsein verkörpern, bewegen sich die aus unserem Umfeld kommenden Reize durch unseren Körper hindurch, ohne uns zu überwältigen. Zugleich kann die Einstimmung auf diese Dimension unserer selbst unsere Wahrnehmungsfähigkeit verfeinern, so dass wir sogar noch sensibler für subtile Phänomene werden, etwa für die Schwingungen von Licht und Schall, die lebende Organismen aussenden. Die Übungen des Realization Process können uns außerdem darin unterstützen, besser mit unserer emotionalen Empfindsamkeit zu leben, indem wir die Stille und Beständigkeit des essenziellen Bewusstseins in den Bewegungen unserer Emotionen wiederfinden. Sie können uns helfen, uns mehr zu erden, zu zentrieren und in einer Welt des Leids und der Verwirrung zu leben, ohne den Kontakt zu unserem eigenen Gespür für Wahrhaftigkeit zu verlieren.

Kapitel 3 zeigt, wie die Übungen des Realization Process uns unterstützen können, von den traumatischen Erlebnissen in unserer Kindheit zu genesen. Dies beinhaltet, schützende Muster im Körper zu erkennen und zu lösen, die für ein Gefühl der Entfremdung von uns selbst und unserer Umwelt sorgen und unser spirituelles Erwachen behindern.

Inzwischen wissen wir, dass sich Traumata nicht auf die vergleichsweise seltenen, ganz besonders schrecklichen Vorkommnisse, wie etwa Vergewaltigung, Krieg oder ein schlimmer Unfall, einschränken lassen. Moderne Psychologen sprechen von „Beziehungstraumata“: Sie sind das Ergebnis von leidvollen Interaktionen, insbesondere in der Kindheit, die zu überfordernd sind, als dass sie vollständig erlebt werden könnten, während sie stattfinden. Diese „ungelebten“ Momente der Angst, Wut, Trauer und Verwirrung setzen sich in unseren Körpern fest, zusammen mit den verschiedenen Körperhaltungen, die wir während der überfordernden Begegnungen einnehmen, etwa, wenn wir vor einer Gefahr zurückzucken oder die Brust einziehen, um Traurigkeit zu unterdrücken.

Beziehungstraumata verfestigen sich, insbesondere wenn sie sich wiederholen, im Gewebe des Körpers, sie verengen und fragmentieren unseren Körper und Geist, so dass wir uns nicht als Ganzes in unserem Körper wahrnehmen können. Zwar wirken sie auf die physische Anatomie des Körpers, tatsächlich finden sie aber in einem subtileren Bereich unseres Seins statt, in dem Körper und Geist in enger Beziehung zueinander stehen. Um die traumatischen Erinnerungen, die in unserem Körper gebunden sind, zu erreichen und zu lösen, müssen wir in innerlichen

Kontakt mit uns selbst kommen. Wir müssen dazu jenen Aspekt unseres Bewusstseins finden, der nicht nur in unseren Köpfen, sondern überall in unserem Körper lokalisiert ist.

Das Erwachen zu essenziellem Bewusstsein durch das Bewohnen des Körpers sorgt dafür, dass wir uns als einzigartiges menschliches Wesen lebendiger und ganzer fühlen und zugleich über unser individuelles Selbst hinausgehen. Auf diese Weise trägt der Prozess der Verkörperung sowohl zu psychischer als auch zu spiritueller Reife bei.

Teil II des Buches befasst sich mit fünf spezifischen Schwierigkeiten, denen sich spirituell sensible Menschen oftmals gegenübersehen: die Herausforderung, toleranter gegenüber sensorischen Reizen zu werden, geerdet und authentisch zu sein, Zufriedenheit zu finden, ohne dabei das Mitgefühl für das uns umgebende Leid zu verlieren und Akzeptanz für sich selbst und die Welt zu entwickeln. In fünf Kapiteln zeige ich anhand von Erfahrungen meiner Klienten mit den Übungen des Realization Process, wie der Prozess der Verkörperung uns helfen kann, eine Brücke zu unserer Umwelt zu schlagen und gleichzeitig unsere Offenheit für die spirituelle Dimension zu vertiefen.

Natürlich lässt ein Mensch sich niemals in nur eine Kategorie einordnen. Auch wenn ich Geschichten von Menschen wiedergebe, die sich mit diesen Themen auseinandergesetzt haben, so habe ich doch jeweils nur einen Faden aus ihren vielschichtigen Leben herausgegriffen, um das Thema eines jeden Kapitels zu illustrieren. Ich habe zudem die Geschichten der Menschen verändert und miteinander kombiniert, um ihre Privatsphären zu schützen. Während Sie dieses Buch lesen, werden Sie in den Kategorien womöglich ihre eigene, einzigartige Mischung aus persönlichen Herausforderungen und spirituellen Gaben wiederfinden.

Ich nehme gegenüber den Menschen, die mit mir arbeiten, zwar die Rolle einer Therapeutin und Lehrerin ein, doch betrachte ich sie auch als meinesgleichen und als geschätzte Gefährten auf dem spirituellen Weg. Oft wird gesagt, dass ein fähiger Therapeut oder spiritueller Lehrer seinen Klienten oder Studenten als eine Art Spiegel dient, in dem sie sich selbst mit Akzeptanz und Mitgefühl betrachten können. Doch in meiner Arbeit mit spirituell begabten Menschen waren sie genauso mir ein Spiegel. Sie halfen mir, mitfühlend zu sein mit meinem eigenen Ringen darum, zu einem geerdeten, widerstandsfähigen und authentischen Menschen zu werden und mich in einer Welt wohlzufühlen, die mich einst befremdet hat.

Ich bin in einem strikt atheistischen Elternhaus aufgewachsen. Und doch spürte ich seit meiner frühesten Kindheit eine Art Präsenz, die die Zweige des Baumes vor meinem Schlafzimmerfenster und den Himmel dahinter zu beleben schien und die sogar in der ganz und gar rationalen Atmosphäre meines Elternhauses gerade noch aufzuspüren war. Ich habe das Verlangen, diese verlockende, subtile Präsenz zu verstehen und sie mir näherzubringen, nie verloren, aber für lange Zeit glaubte ich, dass ich dieses seltsame Bedürfnis geheim halten müsse. Erst mit Ende zwanzig entdeckte ich, dass es noch viele andere Menschen gab, die ebenfalls dem Faden eines subtilen Gespürs oder einer Intuition folgten, welche auf ein kaum greifbares Potenzial hinwies. Wir trafen uns in Aschrams und neu errichteten buddhistischen Klöstern, mystischen Kirchen und Synagogen oder einfach „unterwegs" auf der Suche nach dem Weg.

Im Zen-Buddhismus sagt man über erleuchtete Meister: „Wie zwei Diebe in der Nacht erkennen sie einander sofort." Doch wir alle, die wir auf dem spirituellen Weg sind, scheinen einander zu erkennen und über unser Zusammentreffen erleichtert zu sein. Ich hoffe, dass Sie beim Lesen dieses Buches in den folgenden Heilungsgeschichten etwas von sich selbst wiedererkennen und sich inspiriert und unterstützt fühlen, Ihre eigenen spirituellen Gaben weiterzuentwickeln.

Judith Blackstone
Woodstock, New York

Teil I

Der Realization Process

Kapitel 1

Verkörperung

Im Auge sieht es, im Ohr hört es, in der Nase riecht es,
im Mund spricht es, in der Hand greift es, im Bein läuft es.
Der Ursprung ist nur eine erleuchtende Essenz.

RINZAI

Dieses Buch stellt den Realization Process als eine Methode des verkörperten spirituellen Erwachens vor. Unter spirituellem Erwachen verstehe ich einen vertieften und verfeinerten Kontakt zu uns selbst und unserem Umfeld, der eine primäre Essenz unseres Seins ans Licht bringt. Mit Verkörperung meine ich die anhaltende Erfahrung, im Innenraum unseres Körpers zu leben.

Innerhalb des Körpers zu leben und diese spirituelle Essenz zu realisieren, kann uns dabei helfen, mit den verschiedenen Herausforderungen spiritueller Sensibilität zurechtzukommen. Wir können dann das Leben in aller Fülle in uns aufnehmen und uns sogar noch weiter dafür öffnen, ohne überfordert zu sein. Wir werden tolerant gegenüber sensorischen Reizen und emotionalem Leid, wir werden zu authentischen, geerdeten Menschen und wir lernen, unsere Begrenztheit sowie den Schmerz und das Durcheinander in der uns umgebenden Welt besser zu akzeptieren.

Essenzielles Bewusstsein

Die grundlegende Essenz unseres Seins hat in der spirituellen Literatur der Welt viele Namen. Sie wird als Buddha-Natur, Geist der Weisheit, Selbst, reines Bewusstsein und Einheitsbewusstsein bezeichnet, um nur einige davon aufzuzählen. Im Realization Process nennen wir sie *essenzielles Bewusstsein.*

Essenzielles Bewusstsein wird als ausgedehnte, ununterbrochene Stille und Weite wahrgenommen, die unseren ganzen Körper und unsere Umgebung als eine Einheit durchzieht. Es ist eine tiefgreifende Offenheit dem Leben gegenüber, ein direkter, intimer Kontakt mit allem, was uns begegnet.

Diese Essenz unserer selbst ist immer da. Wir müssen sie weder erzeugen noch sie uns vorstellen. Da es sich nicht um etwas von uns Getrenntes handelt, erleben wir sie nicht als ein Objekt. Vielmehr ist es so, dass das essenzielle Bewusstsein sich selbst wahrnimmt. Es erkennt sich selbst. Man könnte sagen, als essenzielles Bewusstsein erkennen wir uns selbst als essenzielles Bewusstsein. Wir werden uns unserer eigentlichen Natur bewusst.

Da dieses subtile Bewusstsein unseren Körper durchzieht, ist es die Basis unserer individuellen Ganzheit und unseres authentischen Selbstgefühls. Es durchzieht unseren Körper und zugleich auch unsere Umgebung und ist somit auch die Grundlage unseres Einsseins mit allem, was uns umgibt.

In dieser Einheit von Selbst und Anderem verlieren wir den Kontakt zu uns selbst nicht, weil essenzielles Bewusstsein als Urgrund unseres individuellen Seins wahrgenommen wird. Wenn wir in den inneren Tiefen unseres Körpers leben und uns als diese Essenz erkennen, nehmen wir einen inneren Zusammenhalt wahr und spüren unsere individuelle Existenz, während wir uns zugleich mit unserer Umwelt eins fühlen. Dies ist ein interessantes Paradox spiritueller Reife. Wir werden als Individuen präsenter, einiger und ganzer, und überschreiten dabei unsere Individualität.

Als ich das zum ersten Mal erlebte, lebte ich in einem Zen-Kloster im nördlichen Teil des Staates New York. Obwohl ich die Rituale und den rigorosen Stundenplan für die Meditation liebte, fand ich das Gemeinschaftsleben schwierig. Wir mussten alle Mahlzeiten gemeinsam einnehmen, zusammen praktizieren und zusammen arbeiten, um das Kloster sauber zu halten und das Grundstück zu pflegen. Mein Leben lang hatte ich die Anwesenheit anderer Menschen als störend für meinen Kontakt zu mir selbst empfunden, für die Wahrnehmung meiner eigenen Gedanken und Gefühle. Wenn ich mit anderen in Beziehung trat, fühlte ich mich gewöhnlich mit ihnen verschmolzen. Ich schien keine Schutzschicht, keine Polsterung zwischen mir und der Welt um mich herum zu haben, und oft hatte ich sogar den Eindruck, aus mir selbst hinaus und in meine Umgebung hineingezogen zu werden. Während meiner ersten Monate im Kloster fühlte ich mich desorientiert und überfordert durch die permanente Gesellschaft so vieler anderer Menschen.

Jeden Monat hatten wir eine Woche lang ein *Sesshin*, eine intensive Zeit der Meditationspraxis, in der wir gänzlich schweigen mussten und unsere Meditation auch zwischen den Praxiszeiten fortführten. Das erwies sich für mich als genauso herausfordernd wie das „Gespräche führen" während des restlichen Monats. Es erschien mir nahezu unmöglich, ruhig und auf mich selbst konzentriert zu bleiben, wenn ich unter Menschen war.

Nach einigen Monaten, in denen wir weiter täglich gemeinsam meditierten, stellte ich schließlich eine bemerkenswerte Veränderung in meinem Kontakt sowohl zu mir selbst als auch zur Gemeinschaft fest. Ich schien der wahren Mitte meines Körpers näherzukommen und in mir selbst in einem mittigeren Platz zu leben. Im Zuge dessen kamen mir die anderen einerseits weiter von mir entfernt, andererseits aber auch zugänglicher vor. Ich hatte den Eindruck, mit den Menschen über eine zwischen uns liegende Distanz in Beziehung zu sein und fühlte doch eine tiefe Verwandtschaft mit ihnen, eine Art Resonanz zwischen meinem eigenen Sein und dem ihren.

Nachdem ich etwa ein Jahr im Kloster gelebt hatte, verbrachte ich im Sommer viele Nachmittage an einem nahegelegenen Bach. Eines Tages bemerkte ich, dass die Felsen seltsam schwerelos wirkten, so als ob sie aus leerem Raum bestünden. Alles, was ich ansah, hatte diese leuchtende Transparenz an sich. Ich hatte den Eindruck, mit Leichtigkeit die Bäume aus dem Boden heben oder die Felsen über meine Schulter werfen zu können. Als ich am Abend auf einer Bank vor dem Kloster saß, wurde mir plötzlich bewusst, dass ich ebenfalls transparent war. Anstatt mich aus mir heraus in den mich umgebenden Raum gezogen zu fühlen, war ich völlig von Raum durchdrungen. Mein Körper und alles um mich herum bestand aus dem gleichen, leuchtenden Raum.

Seit jenem Tag vor über dreißig Jahren hat mich dieses Erlebnis nie wieder verlassen, und ich habe meinen Körper weiter geöffnet und bewohnt, um mich der spirituellen Essenz immer mehr zu öffnen. Der Prozess, in mir selbst mehr und mehr ganz zu werden, während ich mich zugleich mehr in Einheit mit der Welt um mich herum fühle, hat mich die Integration von persönlicher und spiritueller Reife gelehrt und bildet die Basis für viele Praktiken des Realization Process.

Verkörperung

Den Körper zu bewohnen bedeutet, uns in die gesamte innere Tiefe des Körpers zu begeben und in ihr zu leben. Dieser Prozess geht darüber hinaus, sich des Körpers bewusst zu sein. Er ist etwas anderes als etwa ein „Body Scan", bei dem man die Aufmerksamkeit von einem Teil des Körpers zum nächsten wandern lässt. Es geht auch nicht nur darum, sich des Atems oder der Körperempfindungen noch intensiver gewahr zu werden. Wenn wir unseren Körper bewohnen, sind wir innerhalb unseres Körpers anwesend. Wir spüren, dass wir der Innenraum unseres Körpers *sind.*

Um sich das zu veranschaulichen, nehmen Sie sich einen Moment Zeit und richten Sie Ihre Aufmerksamkeit auf Ihre Hände. Während Sie das tun, spüren Sie vielleicht Spannung oder Entspannung in Ihren Händen oder die Wärme, die sie ausstrahlen. Möglicherweise spüren Sie sogar die feinen Ströme von Energie oder Lebenskraft in ihnen. So fühlt es sich an, sich Ihrer Hände gewahr zu sein. Begeben Sie sich nun in sie hinein, bewohnen Sie sie. Spüren Sie, dass Sie der Innenraum Ihrer Hände *sind.* Vielleicht nehmen Sie sie jetzt auf eine andere Weise wahr. Gewissermaßen nehmen Ihre Hände sich selbst wahr, weil sie nicht länger von Ihnen getrennte Objekte sind.

Sie mögen sich fragen, wo Sie denn sonst leben, wenn nicht in Ihrem Körper. Die meisten Menschen leben hauptsächlich in einem Teil ihres Körpers, wie etwa in ihrem Kopf oder in ihrem Bauch. Oder sie nehmen sich auf der Oberfläche ihres Körpers wahr, vielleicht sogar davor oder darüber.

Viele von uns wachsen damit auf, uns lediglich auf der flachen Grenzfläche zwischen unserem Körper und der Umgebung wahrzunehmen, anstatt bis ganz hinunter in die Tiefe unseres Körpers. Wo in uns selbst wir leben und wie wir uns zu unserer Umwelt verhalten, bildet sich in der frühen Kindheit in Beziehung zu unseren Eltern als Struktur heraus. Wenn unsere Eltern zum Beispiel vor allem von ihren Köpfen aus in Beziehung gehen, suchen wir dort auch den Kontakt mit ihnen, wenn wir uns mit ihnen verbinden wollen. Wenn unsere Eltern vor allem vor der Vorderseite ihrer Körper leben, spiegeln wir dieses Muster und gehen ebenfalls aus unserem Körper heraus. Zu dem unbewussten Spiegeln anderer Menschen kommt hinzu, dass wir uns vor schmerzhaften Situationen schützen, indem wir den Innenraum unseres Körpers zusammenziehen und ihn verlassen. Ich werde im Kapitel über Traumata ausführlicher darauf eingehen.

Uns als essenzielles Bewusstsein wahrzunehmen, das unseren Körper durchzieht, bedeutet, bewusster zu werden, und zwar im gesamten Körper. Das gibt uns ein Gefühl von innerer Tiefe. Wir können spüren, dass wir Raum einnehmen. Es verleiht uns Souveränität und Selbstvertrauen und wir haben das Gefühl, wirklich als eigenständiges Individuum zu existieren. Zugleich löst sich durch das Bewohnen des gesamten Körpers die Barriere zwischen uns und unserer Umgebung auf, und die Wahrnehmung der Einheit beziehungsweise Kontinuität mit den Menschen und der Welt um uns herum tritt zutage.

Verkörperung als Leere

Wir wissen, dass der Körper eine komplizierte Konstruktion anatomischer Strukturen ist, bestehend aus materiellen Elementen wie Muskelgewebe, Blut und Knochen. Wenn wir innerhalb unseres Körpers leben, stellen wir allerdings fest, dass der Innenraum des Körpers aus dem klaren, offenen Raum essenziellen Bewusstseins besteht. In den Körperteilen, die wir bewohnen, sind wir dem Leben gegenüber aufgeschlossen. Wir nehmen diese Teile unseres Körpers als durchlässig statt fest wahr. Das bedeutet, dass der Kontakt zum Innenraum unseres Körpers die Grundlage für unsere Offenheit gegenüber unserer Umwelt bildet.

Wenn Sie sich beispielsweise einen Moment Zeit nehmen, um zu spüren, dass Sie in Ihrem Brustraum leben, spüren Sie möglicherweise, dass dieser gegenwärtige Moment gleichzeitig sowohl außerhalb Ihres Körpers als auch innerhalb Ihrer Brust stattfindet. Wenn Sie in Ihrer Brust leben, sind Sie außerdem emotional zugänglich und können auf das reagieren, was um Sie herum passiert. Ihre Gefühle fließen tiefer und freier.

Wenn wir unseren gesamten Körper bewohnen, sind wir ganz offen für unsere Umwelt. Wir sind vollkommen durchlässig. Wir nehmen uns als aus leerem Raum bestehend wahr. Wir werden transparent, wie ein leeres Gefäß, das jeden Moment genauso in sich aufnimmt, wie er ist.

Wenn wir unseren eigenen Körper als transparent wahrnehmen, nehmen wir auch unser gesamtes Umfeld als transparent und durchzogen von leerem Raum wahr. Dann gibt es keine Barriere, keine Trennung zwischen dem Leben innerhalb unseres Körpers und dem Leben außerhalb unserer selbst. Jeder Moment ereignet sich sowohl innerhalb als auch außerhalb von uns als Einheit.

Als essenzielles Bewusstsein nehmen wir uns selbst und alles um uns herum als aus leerem, strahlenden, einheitlichen Bewusstsein bestehend wahr. Alles erscheint substanziell und dabei auch wie aus leerem Raum gemacht. Bewusstsein ist nicht nur in unseren Körper eingebunden, so dass wir uns selbst als aus Bewusstsein bestehend wahrnehmen, sondern es scheint mit jeglicher materiellen Realität verknüpft zu sein.

Manchmal wird diese ursprüngliche Dimension unserer selbst, die wesentlicher Bestandteil aller Realität ist, als unpersönlich bezeichnet. Ich möchte diesen Begriff allerdings nicht verwenden. Es stimmt zwar, dass die Wahrnehmung essenziellen Bewusstseins für uns alle gleich ist; sie ist universell. Und es stimmt, dass, wenn wir uns dieser Dimension unserer selbst bewusst werden, unsere Sinneseindrücke, Gedanken und Gefühle spontaner werden. Sie scheinen „von selbst" zu entstehen, ohne dass wir wie üblich Strategien dafür einsetzen und uns manipulieren. Das hat damit zu tun, dass auf der Ebene des essenziellen Bewusstseins keine Verstrickung stattfindet. Als diese Ebene durchdringen wir unsere Wahrnehmung, doch wir stellen uns ihr nicht in den Weg. Wir erlauben dem Leben, zu geschehen, zu fließen.

Es gibt nichts Persönlicheres als diese spirituelle Essenz, weil sie das ist, was wir in Wahrheit sind. Sie ist der Kern unseres Seins. Es zeigt sich, dass unser Geist, unser Herz und unser Körper im Grunde dieser transparente Urgrund des Bewusstseins sind. Auch wenn unsere Gedanken spontan auftauchen, handelt es sich nicht um „Gedanken ohne Denker". Es sind noch immer unsere Gedanken. Wenn wir versuchen, eine Trennlinie zwischen uns und unseren Gedanken oder unseren Gefühlen zu ziehen, errichten wir eine künstliche Trennung in etwas, das essenziell ganz ist.

Viele spirituelle Praktiken scheinen die Möglichkeit zu bieten, sich über das Unbehagen, das wir in uns und in der Welt verspüren, zu erheben. Sie lehren, dass wir nicht wirklich als Individuen existieren, also können und sollten wir emotionalen Schmerz und Verwirrung ignorieren. Sie lehren auch, dass diese Gefühle dem „kleinen Selbst" angehören, während unsere wahre Natur eine weitläufige Leere ist, die nichts mit unseren menschlichen Dilemmata zu tun hat. Ich glaube nicht, dass wir unseren emotionalen Schmerz lindern oder die Leere, von der diese spirituellen Lehren sprechen, erlangen können, indem wir versuchen, uns zu beseitigen. Die Leere, auf die in den Lehren verwiesen wird, besteht weder in einem Hohlraum noch bedeutet sie Sinnlosigkeit. Sie ist keine Flucht vor uns selbst; stattdessen offenbart sie uns uns selbst.

Verkörperung als Präsenz

Essenzielles Bewusstsein kann als Leere wahrgenommen werden, aber auch als Präsenz oder Sein. Man kann wahrnehmen, wie die Qualität von Präsenz den Innenraum unseres Körpers und gleichzeitig die Umgebung durchzieht. Leere und Präsenz sind zwei Möglichkeiten, sich auf dieselbe, ganzheitliche spirituelle Essenz des Lebens einzustimmen.

Genauso, wie wir das Leben bis ganz hinunter in die innere Tiefe unseres Körpers in uns aufnehmen können, können wir Präsenz – also die Qualität von Lebendigkeit – auch aus dem Inneren unseres ganzen Körpers heraus ausstrahlen. Es ist kein Strahlen, das von unserer Oberfläche ausgeht und auch keine Ausdehnung unserer selbst in den Raum um uns herum. Vielmehr ist es die Strahlkraft unseres ganzen Seins, ein Leuchten von innen. Essenzielles Bewusstsein ist ebenso empfänglich wie strahlend.

Identität und Verkörperung

Verkörperung ist ein Übergang vom Leben an der Oberfläche des Körpers, oder sogar davor oder darüber, zum Leben im Innenraum des Körpers. Dieser Übergang verändert unsere Identität, unser Gefühl dafür, wer und was wir sind. Die meisten Menschen betrachten den Körper als etwas von sich Getrenntes. Es gibt eine Spaltung zwischen unserem Körper und der Person, für die wir uns halten. Als ein vom Körper abgeschnittener Geist verstehen wir uns mehr als Idee oder Bild denn als verkörpertes Erleben. Wir identifizieren uns mit abstrakten Begriffen, die einer Funktion entsprechen, wie etwa: „Ich bin Lehrerin“, oder einem Wert wie: „Ich bin ein ehrlicher Mensch“.

Wenn wir im Körper leben, erleben wir uns als die Leere und Präsenz von essenziellem Bewusstsein. Wir nehmen uns außerdem als die essenziellen Qualitäten menschlicher Existenz wahr, Qualitäten, die wir mit allen Menschen und auch mit Tieren teilen. Es sind Qualitäten, die wir im Körper finden und die aufgedeckt oder offenbart werden, wenn wir den Innenraum des Körpers bewohnen. Das Gefühl von Liebe in der Brust ist den meisten Menschen vertraut, und diese Qualität erkennen sie auch in anderen wieder. Doch jeder Teil unseres Körpers und jede Funktion unseres Seins ist mit einem speziellen „Gefühl“ verbunden. Unsere Intelligenz hat eine Qualität, die wir im Kopf spüren können. Unsere Stimme, also unser Potenzial zu sprechen, hat eine Qualität, die wir im Hals spüren können. Wir können die Qualität von Kraft, von persönlicher Stärke, in unserer Körpermitte spüren, und die Qualität unserer Geschlechtlichkeit in unserem Becken. Wir müssen diese Qualitäten nicht erzeugen; wir entdecken sie im Verlauf des Verkörperungs-Prozesses. Das ermöglicht uns eine gefühlte Wahrnehmung und eine qualitative Erfahrung unserer Existenz, anstelle einer abstrakten Idee davon, wer wir sind. Verkörperung ist also ein Übergang von einem abstrakten oder „narrativen" (auf Geschichten beruhend, A. d. Ü.) Selbstgefühl zu einem qualitativen Erleben des Selbst.

Zu diesem qualitativen Selbstgefühl, das in jedem Menschen gleich ist, kommt noch hinzu, dass Verkörperung uns hilft, unser individuelles Selbst besser zu kennen, so etwa unsere eigenen Ziele, Talente, Bedürfnisse und Vorlieben. Der zen-buddhistische Philosoph Nishitani, der im 20. Jahrhundert lebte, beschreibt Leere mit den folgenden Worten: „Es ist das Feld, in dem alles und jedes – als ein absolutes Zentrum, das einer absolut einzigartigen Individualität gehört – sich als das in sich selbst manifestiert, was es ist."[1] Der klare Raum essenziellen Bewusstseins zeigt uns uns selbst, auf intime und spezifische Weise.

Verkörperung und Ganzheit

Wenn wir im Innenraum unseres Körpers leben, werden wir immer mehr wie aus einem Guss. Wir haben in unserem ganzen Körper ein Gefühl innerer Kontinuität. Selbst unser Atem bewegt sich in unserem ganzen Körper, nicht lediglich in den Lungen.

Als ein solch einheitliches Wesen können wir alle Teile und Aspekte unserer selbst auf einmal wahrnehmen. Wir können beispielsweise die Innenräume unserer Beine und den unseres Kopfes gleichzeitig wahrnehmen. Wir können zeitgleich denken, fühlen und spüren. Das bedeutet, dass alle Formen unseres Selbstausdrucks das ganze Spektrum unseres Seins enthalten. Beispielsweise reflektiert der Klang unserer Stimme unser ganzes Sein, ebenso die Art, wie wir berühren oder uns bewegen. Auch die Art und Weise, in der wir das Leben in uns aufnehmen, wird ganzheitlicher. Der Zen-Philosoph Dōgen nannte dies „sehen und hören mit dem gesamten Körper und Geist." Ich werde im nächsten Kapitel mehr zur Ganzheit der Sinne sagen.

Atmen mit dem ganzen Körper

Verkörperung verwandelt den Atem. Wenn wir vollständig in unserem Körper leben, können wir wahrnehmen, wie der ganze Körper auf einmal atmet. Anstatt zu spüren, dass der Atem lediglich in die Brust oder in den Bauch geht, können wir die Schwingung des Atems in jedem Teil unseres Körpers gleichzeitig spüren. Das liegt daran, dass durch das Bewohnen des Körpers unser Atem immer feiner wird, sowie zunehmend verbundener mit unserem energetischen System, das sich durch unseren gesamten Körper zieht.

Wenn wir in unserem Körper leben, wird unser Atem leichter und ruhiger. Für gewöhnlich wird unser Atem von muskulären Spannungen begrenzt. Er springt und ruckelt vielleicht, als ob er über eine holprige Straße rennen würde. Doch im Körper des essenziellen Bewusstseins ist der Atem gleichmäßig und durchgängig.

Der Atem überträgt Gefühle, die wir im Körper halten. Wenn beispielsweise Traurigkeit im Körper ist, wird sich der Atem traurig anfühlen und sich sogar anhören wie ein Seufzen. Wenn Ärger im Körper gebunden ist, wird der Atem das hitzige Fauchen der Wut in sich tragen. Ist Angst im Körper, dann wird der Atem ängstlich klingen, wie ein Schnappen nach Luft.

Der Atem reflektiert zudem das Ungleichgewicht im Körper. Wenn wir zum Beispiel eher im oberen Teil unseres Körpers leben, ziehen wir den Atem durch den oberen Teil der Nasenlöcher ein. Der Weg des Atemstroms winkelt sich dann nach oben ab und stimuliert die Bereiche von uns, die ohnehin bereits überreizt sind. Wenn wir eher im unteren Teil des Körpers leben, ziehen wir den Atem durch den unteren Bereich der Nasenlöcher nahe der Oberlippe ein. Wenn wir unseren Körper vollständig bewohnen, strömt der Atem durch die Mitte der Nasenlöcher ein und erreicht mit einem Mal alle Bereiche des Körpers.

Gleichgewicht und Erdung

Wie Sie im nächsten Kapitel sehen werden, besteht einer der Wege zum Eintritt in essenzielles Bewusstsein im Realization Process darin, unser Gewahrsein innerhalb unseres Körpers auszubalancieren; zum Beispiel richten wir unsere Aufmerksamkeit ins Innere unserer beiden Schultergelenke und balancieren sie dann zwischen diesen zwei Punkten aus. Es erfordert einen sehr subtilen, feinen Grad an Gewahrsein, um die Aufmerksamkeit gleichzeitig auf beide Punkte zu richten, anstatt zwischen ihnen hin- und herzupendeln.

Der Physiker Heinz Pagels schrieb einst, dass materielle Existenz das Ergebnis einer gebrochenen Symmetrie ist.[2] Alles bewegt sich aufgrund des Ungleichgewichts des Lebens. Da essenzielles Bewusstsein als absolut still und unveränderlich wahrgenommen wird, können wir also sagen, dass es sich um die Dimension perfekter Balance handelt. Vielleicht ist dieser stille Punkt, diese ausbalancierte Dimension, der Grund dafür, dass Menschen einen angeborenen Gleichgewichtssinn besitzen. In allen Aspekten des Lebens empfinden wir Balance oder Harmonie als Leichtigkeit und Schönheit.

Balance ist ein Merkmal essenziellen Bewusstseins und damit gleichbedeutend mit Offenheit und Kontakt zu sich selbst. Je mehr inneren Kontakt wir haben, desto mehr Balance oder Symmetrie nehmen wir im gesamten Körperinnenraum wahr. Das bedeutet beispielsweise, dass wir gleichzeitig den Innenraum beider Arme oder den Innenraum beider Schultergelenke wahrnehmen können.

Die Verkörperung dieser ausbalancierten Dimension kann man auch als unser Verhältnis zur Schwerkraft oder zum Boden unter uns verstehen. Gewöhnlich betrachten wir den Körper als feste Masse und die Schwerkraft als etwas, das gegen diese Masse anarbeitet und versucht, sie umzukippen. Wir denken, dass wir Muskelkraft aufbringen müssen, um dem Einfluss der Schwerkraft etwas entgegenzusetzen. Aber der physische Körper ist nicht fest. Wir können wahrnehmen, dass wir aus dem klaren, leeren Raum des Bewusstseins bestehen. Je offener wir werden, desto symmetrischer wird unsere innere Selbstwahrnehmung, und desto gleichmäßiger lassen wir den Innenraum unseres Körpers Richtung Boden nieder. Offen werden, bedeutet mit anderen Worten, den Griff nach uns selbst zu lösen, mit dem wir uns zu schützen versuchen. Wenn wir beispielsweise unseren Brustraum zusammengezogen haben, um emotionalen Schmerz nicht zu spüren, und dann diese Blockade lösen, wird der Innenraum unserer Brust symmetrischer werden, sich entspannen und gleichmäßiger nach unten sinken. Wenn wir unseren Körper vollständig bewohnen, beginnt jeder Teil unseres Körpers, sich zu entspannen und sich auf diese Weise zum Boden niederzulassen.

Je gleichmäßiger wir uns niederlassen, desto mehr können wir einen Energiestrom wahrnehmen, der von unten aufsteigt und sich durch den Innenraum unseres Körpers aufwärts bewegt, ihn dabei leicht und elastisch werden lässt und so unsere Fähigkeit zum aufrechten Sitzen oder Stehen unterstützt. Auf diese Weise wirkt die Schwerkraft nicht auf den Körper, sondern durch ihn. Indem wir offener und ausgeglichener werden, lassen wir uns mit unserem ganzen Sein auf der Erde nieder.

Dieser Aspekt von Verkörperung, also das zunehmende Gefühl, vom Boden getragen zu werden, kann den Eindruck, nicht hierherzugehören, den so viele spirituell sensible Personen haben, enorm lindern. Und doch haben viele dieser Menschen anfänglich Widerstände, sich niederzulassen und dem Zug der Erde nachzugeben. Kürzlich sagte mir eine Frau, sie verspüre „Widerwillen", als ich sie bat, sich auf diese Weise niederzulassen. Sie genoss das Gefühl, mit ihrem Kopf und ihrer Brust oben zu schweben. Als sich ihr Körper entspannte, fühlte sie sich auf eine Weise erdverbunden, die ihr nicht spirituell erschien. Dennoch konnte sie mit etwas Übung den aufwärts gerichteten Strom spüren, der aus dem Boden aufstieg, so dass sie den Eindruck hatte, mit ihrem ganzen Körper zu schweben, nicht nur mit ihrem Kopf und ihrer Brust, während sie sich gleichzeitig mit der Erde verbunden fühlte. Diese Verlagerung ist nicht nur für unser persönliches Wohlgefühl bedeutsam, sondern auch im Hinblick auf unsere spirituelle Reife. Öffnen wir lediglich den oberen Bereich unseres Körpers, dann erreichen wir die subtilste spirituelle Dimension unseres Seins nicht, weil essenzielles Bewusstsein eine Dimension von Ganzheit ist. Daher ist es notwendig, sich ihr mit dem gesamten Körper zu öffnen.

Als junge Frau war ich professionelle Tänzerin, bis eine ernste Rückenverletzung meine Karriere beendete. Die Verletzung wurde durch eine Operation verschlimmert, die meine Wirbelsäule in der asymmetrischen, verletzten Position fixierte. Ich konnte nicht tanzen, jegliche Körperhaltungen waren unbequem für mich, und oft lag ich auf dem Boden meines Tanzstudios und betete um Gesundung. Eines Tages, als ich gerade mein Gewicht in den Boden sinken ließ, bemerkte ich, dass es tief in meinem

Körper eine spontane Bewegung in Richtung eines Gleichgewichts gab. Je mehr ich mich entspannte, desto deutlicher wurde diese Bewegung. Ich stellte außerdem fest, dass ich diese spontane Bewegung in meinem Körper verstärken konnte, wenn ich mein Gewahrsein ausbalancierte; wenn ich zum Beispiel meine Aufmerksamkeit gleichzeitig auf einen Punkt auf der rechten und einen auf der linken Seite meines Kopfes richtete, sank mein Körper vollständiger zu Boden und bewegte sich ohne irgendeine Anstrengung meinerseits in die Ausrichtung. Schließlich konnte ich spüren, wie Ströme von Energie vom Boden aufstiegen und den Innenraum meines Körpers in die Symmetrie zogen.

Später, als ich im Zen-Kloster lebte, spürte ich die gleiche spontane Bewegung während der Sitzmeditation. Der Zug der Schwerkraft nach unten und der aufwärts gerichtete Strom der vom Boden aufsteigenden Energie bewegen uns tatsächlich ins Gleichgewicht, wenn wir sie nicht aufhalten. Wenn wir meditieren, öffnen wir uns dieser natürlichen Bewegung. Indem wir still sitzen und den Griff nach uns selbst lockern, erlauben wir der Schwerkraft, uns in die Balance zu ziehen – und somit in die Offenheit und in die spirituelle Dimension.

Fluidität

Wenn wir uns als essenzielles Bewusstsein erkennen, fließen all unsere Reaktionen durch diesen Urgrund unseres Seins, ohne an etwas hängen zu bleiben. Das ist vollkommene Empfänglichkeit. All unsere Vorstellungen, festen Einstellungen und schützenden Strategien machen Platz, damit die Wahrnehmung empfangen werden kann. Wir können beispielsweise tief in unserem Herzen ein Gefühl verspüren, ohne daran festzuhalten. Dann wird sich das Gefühl durch uns hindurchbewegen. Gedanken fließen durch unseren Geist, aber sie werden nicht zu obsessiven „Dauerschleifen“. Auch den Schwingungen anderer Menschen können wir erlauben, durch diese essenzielle Dimension unserer selbst zu fließen, ohne von ihnen überwältigt zu werden.

Das bedeutet, dass wir uns nicht länger unseren eigenen Reaktionen, unserer Kreativität und unserer Freude in den Weg stellen. Auf diese

Weise ist Verkörperung die Grundlage für Spontaneität und Freiheit. Es ist eine gleichzeitige Wahrnehmung von alles durchdringender Stille und von Fluidität, also dem Fluss des Lebens. Selbst unsere eigenen Gedanken können uns überraschen; sogar vertraute Anblicke und Geräusche können ganz neu erfasst werden.

Bewegung

Die Verkörperung von essenziellem Bewusstsein lässt auch unsere Bewegung fließender werden. Wenn Menschen sich lediglich als physische Materie wahrnehmen, bewegen sie nur ihren physischen Körper. Mit anderen Worten, sie nehmen lediglich wahr, wie sie ihre muskuläre Oberfläche bewegen; sie fühlen sich, als ob ihr Körper aus großen, festen Klötzen aus Materie zusammengesetzt sei, die nur in den Gelenken des Skeletts bewegt werden können.

Wenn hingegen der Innenraum des Körpers einheitlicher wird, gibt es weniger Lücken im Kontakt zu uns selbst und auch unsere Bewegungen werden lückenloser: wenn wir einen Arm heben, fließt die Bewegung innerlich durchgängig durch den gesamten Arm, vom Schultergelenk bis in die Fingerspitzen. Es fühlt sich an, als wäre jede Zelle in die Bewegung einbezogen. Das bringt Weite oder auch qualitative Fülle in unsere Bewegungen und Gesten.

Zwar kennt die englische Sprache Ausdrücke für die Vielfalt stimmlicher Resonanzen und Klangfarben, doch um die gleichen Phänomene in Bezug auf Bewegung zu beschreiben, haben wir interessanterweise keine Worte. Im Zen-Buddhismus hingegen gibt es viele Geschichten über Bewegungen, in denen sich verkörperte Spiritualität ausdrückt. In einer dieser Geschichten macht sich der Zen-Meister Joshu auf den Weg, um zwei Eremiten zu besuchen, die in der Abgeschiedenheit der Berge praktizieren. An der ersten Hütte angelangt, ruft Joshu aus: „Ist jemand da drinnen? Ist jemand da drinnen?" Der Eremit erhebt seine Faust. Joshu bemerkt: „Das Wasser ist zu flach, als dass ein Schiff darin ankern könnte." Bei der zweiten Hütte ruft er wieder: „Ist jemand da drinnen? Ist jemand da drinnen?" Auch der zweite Eremit erhebt seine Faust. Joshu verneigt sich vor ihm.[3] Der Zen-Meister kann in der jeweiligen Geste der Eremiten die Tiefe ihrer Praxis sehen. Der zweite Eremit ist präsent in seinem Arm. Sein Körper und sein Geist sind eins geworden.

Materie, Energie und essenzielles Bewusstsein

Wir können unseren Organismus in drei Ebenen unterteilen: Materie, Energie und essenzielles Bewusstsein. Das sind die drei Ebenen, auf denen wir uns auf uns selbst einstimmen können. Wenn wir die subtilste Einstimmung erreichen – die auf essenzielles Bewusstsein – verlieren wir dabei keineswegs unsere Selbstwahrnehmung als Energie oder Materie. Vielmehr haben wir dabei den Eindruck, die materiellen und energetischen Komponenten unseres Seins zu durchdringen und miteinzubeziehen.

Die meisten Menschen lernen sich nie jenseits der Ebene physischer Materie kennen. Sie nehmen sich und andere Menschen, Tiere, Bäume und so weiter als feste Objekte wahr. In ihren Beziehungen gehen sie von ihrer Oberfläche aus mit den Oberflächen der anderen in Kontakt, denn ein massives Objekt verfügt dazu lediglich über eine Oberfläche. Die Beziehung zu ihren Körpern dreht sich üblicherweise um die Sorge darum, so „fest" wie möglich zu bleiben. Unser kulturelles Ideal (und auch unsere kulturelle Ignoranz) kommt sinnbildlich in dem „gestählten Körper" zum Ausdruck. Wir assoziieren Straffheit und Festigkeit mit Kraft und Jugendlichkeit.

Meister der Kampfkünste haben gezeigt, dass unsere Kraft zunimmt, wenn Energie (die sie *qi* oder *chi* nennen) und physische Bewegung sich verbinden. Energie durchströmt den ganzen Körper. Tai-Chi-Meister sprechen von der Einstimmung auf die Energie bis ins Knochenmark als der am weitesten fortgeschrittenen Phase ihrer Praxis. In den letzten etwa dreißig Jahren sind Techniken aus Psychotherapie und Körperarbeit, die auf das Energiesystem wirken, recht bekannt geworden. Von diesen Therapieformen haben wir gelernt, dass emotionale Traumata, körperliche Verletzungen und Krankheiten allesamt mit Blockaden in unserem energetischen System einhergehen. Wenn Energie frei im Körper zirkuliert, verspüren wir mehr emotionale Kapazität, fühlen uns in unserem Körper wohler, erfreuen uns besserer Gesundheit und größerer Vitalität. Das Gefühl der Jugendlichkeit und sogar der Erhalt einer lebhaften, jugendlichen Erscheinung hängen also von der Energiezirkulation im Körper ab.

Wissen über Energie, ob im Körper oder im Universum, ist heutzutage leicht zugänglich. Doch das essenzielle Bewusstsein, unsere innerste Dimension, ist weit weniger bekannt. Nur sehr wenige Techniken aus der Psychologie oder Körperarbeit beschäftigen sich mit dieser Ebene. Selbst in buddhistischen und hinduistischen Praktiken gilt die Realisation dieser subtilsten Dimension als die am meisten fortgeschrittene Phase der spirituellen Verwirklichung und wird nur selten gelehrt. Ich habe jedoch festgestellt, dass in unserer Zeit viele Menschen die Sensibilität besitzen, sich auf diesen subtilsten Urgrund ihres Seins einzustimmen und darin zu leben.

Essenzielles Bewusstsein ist eine Dimension von Stille und Ruhe. Wenn wir uns als diese ursprüngliche Stille erkennen, kann sich unsere Energie freier und tiefer durch uns hindurch bewegen, ohne unsere wesentliche Identität zu überwältigen oder auch nur in irgendeiner Weise zu verändern. Als diese Stille erreichen wir zudem eine subtilere Ebene unserer energetischen Dimension. Wir können eine feine Vibration, die unseren Körper und unsere Umgebung durchzieht, sehen, hören und spüren.

Diese primäre Dimension des Bewusstseins wird in buddhistischen und hinduistischen Lehren oft als „offenes Gewahrsein" beschrieben, das weder Grenzen noch ein Zentrum besitzt. Was hingegen meist nicht gelehrt wird, ist, dass wir diese unbegrenzte Ausdehnung des Bewusstseins nicht aufdecken können, ehe wir uns nicht aus der Tiefe unseres ganzen Körpers heraus selbst loslassen. Das subtile Bewusstsein durchzieht unsere eigene Form und gleichermaßen alles um uns herum. Wir müssen innerhalb unserer Form anwesend sein, um uns der Transparenz unserer subtilsten Bewusstseinsdimension zu öffnen.

Eine Frau, die sich mehrere Jahrzehnte lang der buddhistischen Praxis gewidmet hatte, kam zu mir, um mit mir zu arbeiten. Sie glaubte, ein grundsätzliches Defizit zu haben, da sie die leuchtende Leere, die ihre Lehrer in Aussicht gestellt hatten, noch immer nicht wahrnehmen konnte. Als ich sie beim Meditieren betrachtete, sah ich, dass der Fokus ihrer Aufmerksamkeit auf dem Raum außerhalb ihres Kopfes und darum herum lag. Zudem entspannte sie sich in einen diffusen, traumartigen Zustand hinein. Als ich sie durch die Übung des Realization Process zum Bewohnen des Körpers führte, verspürte sie zunächst Widerstand dagegen, innerlichen Kontakt mit sich wahrzunehmen. Sie sagte: „Ich dachte, ich soll nichtlokal sein“ und gestikulierte nach außen in den Raum.

Als sie jedoch anfing, ihren Körper zu bewohnen, bemerkte sie, dass viele der Schwierigkeiten, mit denen sie in den Jahren ihrer spirituellen Praxis gerungen hatte, sich auflösten. Sie sagte, dass sich ihr endlich erschließe, was in den buddhistischen Lehren mit direkter Erfahrung gemeint sei. Sie sagte: „Wenn ich in meinem Körper bin, habe ich keine Vorstellungen mehr über mich. Ich bin einfach.“

Essenzielles Bewusstsein ist nichts, was wir erzeugen; vielmehr entsteht es von selbst. Es taucht spontan auf, wenn unser gesamter Körper offener wird. Wenn wir nur versuchen, nichtlokal zu sein, erschaffen wir eine Spaltung in uns, die uns von spirituellem Erwachen weiter wegbringt. Als die Frau, die ich gerade erwähnte, imstande war, ihren Körper zu bewohnen, verlor ihre Meditation ihre diffuse, traumartige Qualität. Sie fand sich in der frischen, strahlenden Weite reiner Transparenz wieder (und erlebte sich auch selbst als diese), die ihre innere und äußere Wahrnehmung in Ganzheit durchströmte.

Körper und Religion

Viele spirituelle Lehren, auch die östlichen, negieren den Körper als etwas wenig Spirituelles. In unserer eigenen Kultur existiert die alte Überzeugung, dass Gott den Körper nicht liebt. Obwohl ich in einer Familie aufwuchs, in der man Religion verachtete, ist in meinen Geist die Bilderbuchgeschichte von Adam und Eva eingeprägt, wie sie reuevoll und unglücklich ihren Blick auf die Blätter senken, die ihre Genitalien bedecken. Die vielen ausgefeilten Interpretationen dieser Geschichte, die ich seit meiner Kindheit gelesen habe, haben die ursprünglichere Botschaft, nämlich dass Gottes Zorn etwas mit Adam und Evas nackten Körpern und ihrem unstillbaren Appetit zu tun hatte, nicht ausgelöscht. Auch wenn wir weit davon entfernt sind, dieser Geschichte Glauben zu schenken, spukt ihr Vermächtnis noch immer durch unsere Kultur und beeinflusst uns alle auf die eine oder andere Weise.

Diese archaischen religiösen Bilder suggerieren, dass der Körper die Ursache menschlichen Fehlverhaltens und Leidens sei, als ob er seine eigenen verderbten Impulse unabhängig von den noblen Absichten des Herzens und des Geistes ausleben könnte. Zwar lassen die Medien sinnliche Darstellungen auf uns einprasseln, doch die Dreistigkeit und Oberflächlichkeit dieser Bilder untermauern nur die Ansicht, dass wir die Freuden des Körpers nur genießen können, wenn wir die Verdienste des Geistes dafür opfern. Diese Weltanschauung vermittelt auch, dass es all den wahrhaft hochentwickelten Seelen, den heiligen Männern der westlichen Religion, gelungen ist, in totaler Missachtung des Körpers zu leben, um Gott näher zu sein.

Im Zusammenhang mit dem Glauben, Gott liebe den Körper nicht, steht die kulturelle Überzeugung, dass wir unsere Körper nicht wahrhaftig gegenseitig lieben können, sondern dass nur spezifische und sehr selten vorkommende Typen von Körpern liebenswert sind. Im Namen der Liebe wird der Körper ausgehungert, betäubt und übermäßig trainiert. Schließlich schicken wir dann einen Phantomkörper auf die Suche nach Liebe – einen charakter- und alterslosen Körper, so deformiert, dass er kaum noch zu menschlichem Kontakt in der Lage ist.

Diesen Überzeugungen liegt die Vorstellung zugrunde, dass der Körper etwas von der Person Getrenntes ist – dass es möglich ist, sexuelle Freuden zu erfahren, ohne die Seele daran zu beteiligen, oder umgekehrt, ohne den Körper spirituelle Erfüllung zu finden. Aber wir können weder unser gesamtes individuelles Sein noch spirituelle Einheit mit der uns umgebenden Welt erfahren, wenn wir nicht den Körper in unsere Realisation miteinbeziehen, wenn wir nicht wahrnehmen, dass selbst unser Körper aus essenziellem Bewusstsein besteht. Essenzielles Bewusstsein zu realisieren heißt, den Körper zu kennen und in ihm zu leben, bis hinab in seine ursprüngliche Dimension. Das bedeutet, dass spirituelle Essenz im Körper gründet, und dass sogar gewöhnliche, alltägliche Bewegungen unsere spirituelle Verwirklichung unterstützen und vertiefen können.

Unsere spirituelle Essenz ist unsere wirkliche Natur, die unter der polierten Oberfläche unseres Lebens immer gegenwärtig ist, beständiger als alle Schutzhaltungen. Sie scheint durch die Risse in unserer Abwehr und erblüht auf unserer bröckelnden Fassade. Einmal aufgedeckt, durchströmt sie strahlend unseren Körper und alles um uns herum – ganz egal, was wir tun oder fühlen. Dieses entfesselte Sein entspricht nicht der angstvollen Vorstellung von ungezähmter, amoklaufender Begierde. Unsere wahre, wilde Natur ist vielmehr die essenzielle Einheit von Geist, Herz und Körper.

Manchmal werde ich gefragt: „Was soll spirituelle Realisation bezwecken? Werde ich effizienter bei der Arbeit, oder reicher? Wird sie mir helfen, eine Beziehung zu finden?“ Die Tiefe des Kontakts mit uns selbst, die wir im verkörperten spirituellen Erwachen erlangen, unterstützt jeden Aspekt unseres Funktionierens, einschließlich unserer Fähigkeit, uns zu konzentrieren, günstige Lebensumstände zu schaffen, uns weniger einsam zu fühlen und befriedigendere Beziehungen zu wählen. Doch tatsächlich sind all diese Dinge zweitrangig nach der Erfahrung der Realisation an sich. Es ist, als würde man sagen, wir sollten Sex haben, weil wir uns danach entspannter fühlen werden. Auch wenn das stimmen mag, ist doch die resultierende Entspannung nicht annähernd so verlockend wie die Empfindungen und Gefühle während des sexuellen Erlebnisses an sich, oder wie die Befriedigung eines innewohnenden Hungers.

Verkörperte spirituelle Realisation stillt den uns innewohnenden Hunger nach Kontakt zu uns selbst. Sie ist unser intimstes Wissen über uns selbst und unsere Welt, und die Quelle unserer tiefsten Freude. Sie ist das hellwache, köstliche Feingefühl all unserer Sinne und die Grundlage dafür, wahrhaftig wahrzunehmen, zu fühlen, zu wissen und sich auszudrücken.

Kapitel 2

Der Realization Process: Praktiken für verkörpertes spirituelles Erwachen

Alles Seiende wird in ein vollkommen einheitliches Leuchten verwandelt, durchscheinend gemacht durch das Licht des Transzendenten.

YUASA

Der Realization Process ist eine Methode zur Verwirklichung von spiritueller Einheit oder auch Non-Dualität. Er unterscheidet sich allerdings von den meisten anderen Methoden des spirituellen Erwachens durch den Fokus auf Verkörperung und Beziehungen sowie auch durch sein Verständnis des individuellen Selbst. In diesem Kapitel stelle ich die wichtigsten Übungen des Realization Process vor, ergänzende Praktiken folgen im weiteren Verlauf des Buches. Im zweiten Teil zeige ich anhand der Geschichten von Menschen, die mit mir gearbeitet haben, wie diese Praktiken bei einigen für spirituelle Sensibilität spezifischen Herausforderungen angewendet werden können. Die Übungen fördern Wahrnehmungsfähigkeit, emotionale Empfänglichkeit und geistige Klarheit, während sie zugleich dabei helfen, Toleranz gegenüber sensorischen Reizen, emotionalem Schmerz und geistiger Verwirrung in unserem Umfeld zu entwickeln.

Heutzutage arbeiten viele spirituelle Techniken, insbesondere die des non-dualen Erwachens, in erster Linie mit dem Geist. Ihr Anliegen ist es, die mentalen Konzepte, die unsere Wahrnehmung des gegenwärtigen Moments einschränken oder verzerren können, zu erkennen und zu durchtrennen. Schüler dieser Methoden werden für gewöhnlich dazu angeleitet, ihre Aufmerksamkeit für das Geschehen in einem jeden Moment zu trainieren. Aufmerksamkeit unterliegt dem Willen – sie erfordert die Aktivität des Aufmerksamseins. Essenzielles Bewusstsein hingegen taucht spontan auf; es befindet sich jenseits unseres Willens. Es ist einfach da, wenn wir unseren Körper bewohnen und öffnen. Können wir erst einmal innerhalb unseres Körpers leben, brauchen wir keine aufmerksame Haltung mehr einnehmen. Die Realisierung essenziellen Bewusstseins wird zu einer andauernden, mühelosen Verwandlung der Wahrnehmung unserer selbst und unseres Umfelds.

Essenzielles Bewusstsein ist außerdem subtiler als Aufmerksamkeit. Anstatt sich *auf* Objekte zu fokussieren durchzieht es alles, was es wahrnimmt. Es ist sowohl Subjekt als auch Objekt zugleich.

Eine weitere bekannte Methode zur Verwirklichung von Non-Dualität besteht darin, jegliche Manipulation unserer selbst und unserer Umgebung zu unterlassen. Dieser Ansatz kann uns helfen, uns zu entspannen und das Leben so zu akzeptieren, wie es ist. Aber wenn Menschen angewiesen werden, „einfach loszulassen", lassen sie für gewöhnlich in den sie umgebenden Raum hinein los. Das ist eine energetische Ausdehnung in die Umgebung. Sie kann die äußerst subtile Dimension der Transparenz nicht aufdecken, die den Körper und seine Umgebung in Einheit durchzieht. Um dieses essenzielle oder non-duale Bewusstsein wirklich zu realisieren, müssen wir uns selbst aus der Tiefe des Körpers heraus loslassen. Die Übungen des Realization Process fördern den innerlichen Kontakt zum Körper, so dass wir in unsere subtilste Dimension hinein loslassen können.

Es ist wichtig zu verstehen, dass non-duale Realisierung vollkommen mühelos ist; sie entsteht ohne jedes Planen und ohne die Manipulation unserer selbst. Die Techniken des Realization Process sind einfach nur Übungen, die Konzentration erfordern, sie sind nicht die Realisation an sich. Diese nach innen gerichtete Arbeit ist ein direkter Weg, um vom Zentrum unseres Seins aus in die mühelose Dimension des essenziellen Bewusstseins hinein loszulassen. Ich schlage vor, dass Sie nach der Durchführung einer jeden Übung eine Weile sitzen bleiben und sich in dem klaren Raum entspannen, der Ihren Körper und Ihre Umgebung durchzieht.

Einstimmung auf essenzielles Bewusstsein

Die erste Übung des Realization Process besteht in der Einstimmung auf essenzielles (non-duales) Bewusstsein. Diese Übung fördert sowohl die Leere als auch die an Qualitäten reiche Präsenz unserer spirituellen Essenz. Sie beginnt mit dem Bewohnen des Körpers und geht dann zu der Einstimmung auf den Raum über, der den Körper und die Umgebung als Einheit durchzieht. Wie ich bereits sagte, ist es etwas anderes, den Körper zu *bewohnen*, als sich des Körpers *gewahr* zu sein. Ihre Füße zu bewohnen bedeutet, dass Sie sich in Ihren Füßen anwesend fühlen. Sie spüren, dass Sie der Innenraum Ihrer Füße *sind*, er gehört zu dem Menschen, der Sie sind. Diese Übung ist also kein Body Scan, sondern vielmehr eine Praxis, um in den Innenraum des Körper zu gelangen und in ihm zu leben.

Wenn Sie spüren, dass Sie nicht viel inneren Kontakt zu sich selbst haben oder Sie sich leicht von der Welt um Sie herum verdrängt fühlen, können Sie zunächst nur den Anfang der ersten Übung machen, bei dem es darum geht, den Körper zu bewohnen. Indem Sie Ihren Körper bewohnen, fangen Sie an, sich selbst von innen heraus in Besitz zu nehmen; Sie erobern sich den Innenraum Ihres Körpers zurück. Sie werden merken, dass Sie ein inneres Volumen haben, dass Sie Raum einnehmen. Mit etwas Übung werden Sie anfangen zu spüren, dass Sie innerlich existieren, dass es eine tatsächliche innere Substanz Ihres Seins gibt. Diese Substanz fühlt sich wie bereits erwähnt sowohl leer als auch strahlend zugleich an. Sie ist vollkommen transparent, wie leerer Raum, und ist doch angefüllt mit den essenziellen Qualitäten Ihrer Lebendigkeit. Fühlen Sie sich erst einmal verankert in diesem inneren Raum (oder als dieser innere Raum), können Sie einen Schritt weitergehen und wahrnehmen, wie die Leere und die strahlende Präsenz Ihren Körper und alles um Sie herum durchzieht.

Die meisten Menschen sind sich der Qualitäten ihres Seins nicht bewusst. Wie ich im letzten Kapitel erklärt habe, haben die verschiedenen Teile unseres Körpers sowie die jeweiligen damit zusammenhängenden Funktionen eine bestimmte Qualität, ein gewisses „Gefühl". Diese Qualitäten sind bei allen Menschen gleich oder zumindest sehr ähnlich. So wie die Liebe, die wir in einer anderen Person erkennen können, weil sie unserem eigenen Gefühl von Liebe gleicht, sind all unsere Seinsqualitäten universell. Wir können diese Qualitäten sogar in Tieren beobachten und uns mit ihnen verbinden. Alles in der Natur zeigt, in dem Maße, in dem es bewusster wird, diese Qualitäten, die der essenziellen Dimension des Seins innewohnen. Die Wahrnehmung der verschiedenen inneren Qualitäten hilft uns, von einer abstrakten Vorstellung zu einer qualitativen, unmittelbaren Erfahrung unserer selbst zu gelangen. Sie unterstützt uns auch, unser Einssein mit anderen Menschen und der gesamten Natur wahrzunehmen. In den Partnerübungen, die später in diesem Kapitel beschrieben werden, werden Sie sehen, dass diese Qualitäten Teil unserer tiefsten, spirituellen Verbindung mit anderen sind.

Von den verschiedenen Qualitäten, auf die wir uns in der ersten Übung des Realization Process einstimmen, ist die der Geschlechtlichkeit oft diejenige, die am schwierigsten zu spüren ist. Das rührt daher, dass die meisten Menschen mehr im oberen Teil ihres Körpers als im unteren leben. Die Verneinung und Unterdrückung von Sexualität, die von einer Generation an die nächste weitergegeben wurde, ist ein allgemein verbreitetes, kulturweites Muster. Kindern wird bereits sehr früh beigebracht, dass ihr Unterkörper bedeckt bleiben muss, und vielen wird sogar vermittelt, dass die Gefühle, die mit diesem Teil des Körpers zu tun haben, „schmutzig" oder „schlecht" sind. Auch wenn die Akzeptanz unserer sexuellen Natur heutzutage größer als in den vorangegangenen Generationen ist, wird das Haltemuster, das mit diesen Einstellungen gegenüber Sexualität einhergeht, doch über die Generationen hinweg weitergegeben, denn Kinder spiegeln die Art und Weise, wie ihre Eltern in ihren Körpern leben. Wenn Eltern Gefühle in ihrem Unterleib unterdrücken, spiegeln ihre Kinder dieses Muster oft unbewusst. Aber wenn wir das Becken und die gesamte Anatomie unserer Geschlechtlichkeit bewohnen, werden wir dessen Qualität wahrnehmen.

Manche Menschen erleben sich nicht als ihrem biologischen Geschlecht zugehörig. Aus diesem Grund fordere ich Sie in der Übung dazu auf, sich auf die Qualität von Geschlechtlichkeit einzustimmen, „wie auch immer sie sich für Sie anfühlt". Die Übung zielt nicht auf eine speziell männliche oder weibliche Eigenschaft ab. So lange Sie sich auf die Qualität dieses Teils Ihres Seins einstimmen können, werden Sie in der Lage sein, die Ganzheit essenziellen Bewusstseins zu realisieren. Manchmal ordnen sich Menschen dem anderen Geschlecht zu, weil sie nicht an die Verhaltensweisen oder Beschränkungen ihres biologischen Geschlechts gebunden sein wollen. Es ist wichtig, zu verstehen, dass die Übung nichts mit diesen Verhaltensweisen zu tun hat. So bedeutet die Wahrnehmung einer weiblichen Geschlechtsqualität nicht etwa zwangsläufig, sich als „nährend" oder „intuitiv" wahrzunehmen. Die Qualität von Geschlechtlichkeit kann im ganzen Spektrum zwischen weiblich und männlich gefühlt werden. Wie auch immer Sie es erleben, in jedem Fall wird der Unterschied zu den anderen Seinsqualitäten, wie etwa Kraft oder Liebe, spürbar sein.

Die Verbindung zwischen der physikalischen Anatomie und dem qualitativen oder funktionalen Aspekt des Seins ist recht einfach. Je mehr wir unseren Brustraum bewohnen (also je mehr innerlichen Kontakt wir dazu haben), desto tiefer fühlen wir Emotionen. Je vollständiger wir unsere Sexualorgane bewohnen, desto intensiver ist unser sexuelles Erleben. Das vollständige Bewohnen des Körpers als Ganzes verbindet die Qualitäten und Funktionen unseres Seins untereinander. Wenn wir unseren Brustraum und unseren Kopf gleichzeitig bewohnen, können wir denken und fühlen zugleich. Auf diese Weise kann die Übung zum Bewohnen des Körpers dazu beitragen, die Spaltung zwischen unseren kognitiven und emotionalen Funktionen aufzuheben.

In Reaktion auf schmerzhafte oder verwirrende Ereignisse und Beziehungen in sehr jungem Alter ziehen wir diese essenziellen Aspekte unseres Seins (Geschlechtlichkeit, Kraft, Liebe, Stimme und Verstehen) zusammen. Daher also müssen wir, um ganz zu werden, beziehungsweise, um die Dimension von Ganzheit zu realisieren, uns auf diese primären Qualitäten unseres Seins einstimmen und sie zurückgewinnen.

In der ersten Übung werde ich Sie außerdem bitten, sich auf die Qualität des „Selbst" in Ihrem Körper einzustimmen. Es handelt sich dabei um eine bestimmte Qualität, die ebenfalls in uns allen gleich ist – und die sich wie „Selbst" anfühlt. Diese Qualität ist immer schon vorhanden, im Hintergrund Ihres gesamten Wahrnehmungsflusses. Weil diese Qualität immer vorhanden ist, kann sich meiner Erfahrung nach fast jeder auf sie einstimmen. Ich verwende die Einstimmung auf die Qualität des Selbst, weil sie uns sehr effektiv darin unterstützen kann, in die subtile, ganzheitliche Dimension essenziellen Bewusstseins einzutreten. Sogar die Einstimmung auf die Qualität des Selbst in lediglich einem Teil Ihres Körpers, wie etwa in Ihren Füßen, kann Ihnen helfen, Ihre spirituelle Essenz im ganzen Körper wahrzunehmen. Ich verwende den Begriff „Selbst", da er die primäre Ebene des Seins wirksamer anzusprechen scheint als Worte wie „Sein" oder „Essenz".

Bitte beachten Sie, dass ich bei dieser Übung die Lernenden manchmal bitte, sich auf die Qualität des „Selbst" im Körper einzustimmen und andere Male auf die Qualität „Ihres Selbst". Die Qualität des „Selbst" ist die gleiche wie die „Ihres Selbst". Die Qualität des Selbst, die wir alle erleben, ist sowohl universell als auch persönlich. Es ist die gleiche Qualität in uns allen, aber es ist auch das Gefühl der ursprünglichen Dimension unseres ganz eigenen, individuellen Selbst.

Übung 1 Einstimmung auf essenzielles Bewusstsein: Den Körper bewohnen

Für diese Übung setzen Sie sich am besten mit geradem Rücken auf einen Stuhl und stellen die Füße auf den Boden. (Wenn Sie erst einmal mit der Übung vertraut sind, können Sie sie in jeder beliebigen Haltung durchführen.)

Schließen Sie Ihre Augen.

Beginnen Sie damit, sich auf Ihren Atem zu konzentrieren. Beobachten Sie, wie der Atem durch Ihre Nase ein- und ausströmt.

Zählen Sie im Stillen zwei Ein- und Ausatemzüge, und lassen Sie Ihren Atem sanft und gleichmäßig werden.

Lassen Sie den Einatem durch Ihren Kopf nach innen strömen, und nutzen Sie ihn dazu, tiefen innerlichen Kontakt zu sich aufzunehmen. Lassen Sie Ihren Atem natürlich ausströmen, ohne ihn zu lenken.

Richten Sie Ihre Aufmerksamkeit auf Ihre Füße. Fühlen Sie, dass Sie in Ihren Füßen sind, dass Sie sie bewohnen. Lassen Sie sich spüren, dass Sie der Innenraum Ihrer Füße *sind,* und dass sie Teil davon sind, wer Sie sind.

Stimmen Sie sich jetzt auf die Qualität Ihres Selbst im Inneren Ihrer Füße ein (nicht auf eine Vorstellung, sondern auf eine bestimmte Qualität, die sich wie „Selbst" anfühlt).

Achten Sie darauf, in Ihren Füßen zu bleiben, während Sie atmen, das heißt, dass Ihr Einatem Sie nicht nach oben und aus Ihren Füßen herauszieht.

Spüren Sie, dass Sie in Ihren Knöcheln und dem unteren Teil Ihrer Beine sind. Stimmen Sie sich auf die Qualität Ihres Selbst innerhalb Ihrer Knöchel und Unterschenkel ein.

Spüren Sie, dass Sie in Ihren Knien sind. Lassen Sie sich in Ihren Knien nieder, bis sie sich weich anfühlen. Finden Sie in Ihrem Gewahrsein eine Balance zwischen den Räumen in Ihren Knien, indem Sie ihre Aufmerksamkeit auf beide Innenräume gleichzeitig richten.

Nehmen Sie die vollkommene Stille des ausbalancierten Geistes wahr. Essenzielles Bewusstsein wird als Stille wahrgenommen, weil es die Dimension perfekter Balance ist. Wenn Sie Ihre Aufmerksamkeit gleichzeitig auf den Raum in beiden Knien richten, kann Ihnen das dabei helfen, die Dimension essenziellen Bewusstseins aufzudecken und in sie einzutreten. Sie werden feststellen, dass eine sehr feine Einstimmung notwendig ist, um Ihre Aufmerksamkeit genau zur gleichen Zeit auf das Innere beider Knie zu richten, ohne dazwischen hin- und herzupendeln.

Spüren Sie, dass Sie in Ihren Oberschenkeln sind. Stimmen Sie sich auf die Qualität Ihres Selbst in Ihren Oberschenkeln ein.

Spüren Sie in einer sehr feinen inneren Haltung, dass Sie in Ihren Hüftgelenken sind. Vom Inneren Ihrer Hüftgelenke aus können Sie den Innenraum ihrer Oberschenkel und den Innenraum Ihres unteren Torsos zugleich spüren.

Finden Sie in Ihrem Gewahrsein eine Balance zwischen den Räumen in Ihren Hüftgelenken, indem Sie ihre Aufmerksamkeit auf beide Innenräume gleichzeitig richten. Nehmen Sie die Stille Ihres ausbalancierten Geistes und zugleich die Bewegung Ihres Atems wahr. Der Geist ist still und ausgeglichen, während der Atem sich bewegt.

Dieser Teil der Übung kann Ihnen helfen, wahrzunehmen, dass sich alle Inhalte Ihrer Erfahrung – all Ihre Gedanken, Gefühle, Empfindungen und Sinneseindrücke – durch die Stille des essenziellen Bewusstseins bewegen, ohne diese Stille zu stören. Als essenzielles Bewusstsein nehmen Sie sowohl den leuchtenden, regungslosen Raum des Urgrunds und die Bewegung des Lebens wahr – beides zur gleichen Zeit.

Spüren Sie, dass Sie in Ihrem Becken sind. Stimmen Sie sich auf die Qualität Ihrer Geschlechtlichkeit in Ihrem Becken ein (abermals nicht im Sinne einer Vorstellung, sondern eines Gefühls, wie auch immer sich Ihre Geschlechtlichkeit für Sie anfühlt). Bringen Sie Ihren Atem nach unten in Ihr Becken, und lassen Sie ihn durch die Qualität der Geschlechtlichkeit in Ihrem Becken gehen.

Qualität Ihres Selbst in Ihrem ganzen Körper ein. Suchen Sie den Raum außerhalb Ihres Körpers auf. Spüren Sie, dass es sich bei dem Raum innerhalb und außerhalb Ihres Körpers um ein und denselben, kontinuierlichen Raum handelt. Er durchzieht Sie.

Nehmen Sie wahr, dass der Raum, der Ihren Körper durchzieht, ebenso alles andere in Ihrer Umgebung durchzieht. Sie sind noch immer in Ihrem gesamten Körper, während Sie dies wahrnehmen. Projizieren Sie sich nicht durch die Sie umgebenden Dinge in den Raum hinein. Es geht nicht um eine Ausdehnung Ihrer selbst in den Raum hinein, sondern um eine Einstimmung auf den vorhandenen Raum, der Sie sowie alles um Sie herum durchzieht.

Nehmen Sie wahr, dass der Ihren Körper durchdringende Raum auch die Wände des Zimmers durchzieht. So subtil ist er; er durchzieht sogar die Wände, den Boden und die Decke. Bleiben Sie im Inneren Ihres gesamten Körpers, während Sie den Raum, der Sie und die Wände des Zimmers durchzieht, wahrnehmen.

Die subtile Körpermitte

Wenn wir uns auf uns selbst als essenzielles Bewusstsein einstimmen, gelangen wir auf eine subtilere Ebene unseres Energiesystems. Es gibt eine sehr feine Schwingung, die zusammen mit der Stille des essenziellen Bewusstseins spürbar wird. Die nächste Übung, der Atem entlang der Mittellinie, kann Sie dabei unterstützen, dieses sehr subtile Energieniveau zu entwickeln.

Die Übung des Atems entlang der Mittellinie dient der Einstimmung auf einen subtilen Kanal, der durch das vertikale Zentrum des Körpers verläuft, und zwar von der Mitte des Beckenbodens bis zur Mitte des Scheitels. Manchmal wird er der „Kanal der Weisheit“ oder der „zentrale Kanal“ genannt. Im Yoga wird er mit dem Sanskrit-Begriff *shushumna nadi* bezeichnet. Er ist unsere Eintrittspforte in die durchdringende Weite des essenziellen Bewusstseins. Je mehr wir mit diesem subtilen Kanal in

Kontakt sind, desto vollständiger ist unsere Realisation von essenziellem Bewusstsein. Wenn wir uns selbst und unsere Umwelt von diesem subtilen Zentrum des Körpers aus loslassen können, dann lassen wir in die Weite des essenziellen Bewusstseins hinein los. Wenn wir mühelos im subtilen Körperzentrum leben können, sind wir uns stets bewusst, dass wir selbst sowie auch unsere Umwelt aus essenziellem Bewusstsein bestehen.

Diese innerste Mitte des Körpers fühlt sich wie das Zentrum unseres Seins an, wie wenn wir im Zentrum all unserer Erfahrungen leben. Wir sind Zeugen unseres Lebens und gehen zugleich ganz darin auf. In dieser subtilen Mitte erlangen wir die tiefste Perspektive auf unsere Umgebung (weil wir sie aus der Distanz unserer innersten Mitte wahrnehmen) während wir uns zugleich eins mit ihr fühlen. Außerdem verbindet die subtile Mitte des Körpers alle Qualitäten und Funktionen unseres Körpers und Seins miteinander. Wenn wir in der subtilen Mitte leben, können wir gleichzeitig denken, fühlen und wahrnehmen. Die subtile Mitte des Körpers ist an jedem Punkt an ihr entlang zugänglich. Im Realization Process beginnen wir an den drei Hauptpunkten, uns in sie hineinzubegeben: Kopfzentrum, Brustzentrum und Beckenzentrum. Das Kopfzentrum befindet sich zwischen den Ohren, exakt in der Mitte des Innenraums des Kopfes. Die Zentren in der Brust und im Becken sind in der jeweiligen Mitte dieser Bereiche, allerdings weiter hinten Richtung Wirbelsäule, so tief, wie Sie Ihre Aufmerksamkeit ohne allzu große Anstrengung nach innen fokussieren können. Für diejenigen Leser, die mit den Chakren vertraut sind: das Brustzentrum ist identisch mit dem Herzchakra der yogischen Tradition, und das Beckenzentrum befindet sich zwischen dem zweiten und dem dritten Chakra.

In der folgenden Übung richten wir die Aufmerksamkeit auf diese Punkte entlang der Körpermitte und initiieren den Atem aus ihnen heraus. Wenn wir in die Mitte unseres Körpers hinein atmen, wird der Atem eins mit unserer energetischen Dimension. Mit diesem sehr feinen Atem, beziehungsweise dieser Energie, atmet der gesamte Innenraum des Körpers auf einmal. Das führt zu einer subtilen Vibration im gesamten Körper. Ein Schüler beschrieb sie einmal als ein Gefühl wie „feiner Champagner“.

In der Übung des Atems entlang der Mittellinie werden Sie dazu aufgefordert, eine Vibration in Ihrer gesamten subtilen Körpermitte zu spüren, während Sie in jeden der Punkte hineinatmen. Richten Sie Ihren Atem nicht auf die volle Länge der Mittellinie, sondern gestatten Sie der Vibration, sich durch die Atmung in jedem Punkt von selbst einzustellen. Mit fortschreitender Übung werden Sie in der Lage sein, die Vibration nicht nur entlang der Mitte zu spüren, sondern im gesamten Körper. Vielleicht fangen Sie auch an zu spüren, dass mit dem Atem eine mentale Qualität einhergeht, so als ob der Geist innerhalb der Mittellinienpunkte atmet. Ich meine damit nicht Ihren Verstand, sondern vielmehr eine geistige Qualität, die sich anfühlt, als wäre es Ihr Geist, der atmet.

Übung 2 Atmen entlang der Mittellinie

Diese Übung sollte aufrecht sitzend auf einem Stuhl oder einem Sitzkissen durchgeführt werden.

Schließen Sie Ihre Augen.

Richten Sie Ihre Aufmerksamkeit auf das Zentrum Ihres Kopfes. Dieser Punkt liegt zwischen Ihren Ohren, und zwar zwischen Ihrem Gesicht und der Schädelrückseite, in der exakten Mitte des Inneren Ihres Kopfes. Viele Menschen stimmen sich auf dieses Zentrum zu weit oben im Kopf ein. Wenn Sie mit dem Kopfzentrum in Kontakt kommen, spüren Sie möglicherweise eine automatische Verbindung nach unten durch die gesamte Mittellinie Ihres Körpers.

Atmen Sie durch die Nase ein und bringen Sie den Atem in das Zentrum Ihres Kopfes. Atmen Sie durch die Nase wieder aus. Der Atem muss fein sein, um sich durch Ihren Kopf ins Zentrum zu bewegen.

Initiieren Sie jetzt den Atem vom Kopfzentrum aus, so dass dieses Zentrum den Atem hineinzieht – so als ob es in ihrem Kopfzentrum Luft gäbe, die Sie atmen könnten. Das Ausatmen geschieht, indem Sie aus dem Kopfzentrum heraus loslassen. Es ist ein innerliches Atmen. Sie richten den Atem nicht auf den Punkt, sondern beginnen ihn vielmehr von hier aus. Es fühlt sich an, als ob Sie innerhalb der subtilen Körpermitte ein- und ausatmen. Indem Sie innerhalb des Kopfzentrums atmen, können Sie eine feine Vibration durch die ganze subtile Mittellinie des Körpers spüren.

Vom Kopfzentrum aus richten Sie nun Ihre Aufmerksamkeit auf Ihr Herzzentrum, das in der Mitte Ihres Brustraums, jedoch tief innen an der subtilen Mittellinie des Körpers liegt. Sie können das Kopfzentrum jetzt verlassen und sind nur noch im Herzzentrum.

Initiieren Sie Ihren Atem im Herzzentrum. Das Ausatmen geschieht, indem Sie aus dem Herzzentrum heraus loslassen. Wieder richten Sie Ihren Atem nicht auf das Herzzentrum, sondern spüren, wie der Atem hier beginnt. Spüren Sie den Atem zuerst innerhalb des Herzzentrums, bevor Sie spüren, wie er sich in den Lungen bewegt. Durch das Atmen im Herzzentrum können Sie eine feine Vibration durch die gesamte subtile Mittellinie Ihres Körpers spüren.

Richten Sie Ihre Aufmerksamkeit nochmals auf das Zentrum Ihres Kopfes. Von hier aus richten Sie sie auf das Zentrum Ihres Beckens, zweieinhalb bis fünf Zentimeter unterhalb des Nabels, tief in der subtilen Mittellinie des Körpers, zwischen dem zweiten und dem dritten Chakra.

Initiieren Sie den Atem in Ihrem Beckenzentrum. Das Ausatmen geschieht, indem Sie aus dem Beckenzentrum heraus loslassen. Indem Sie im Beckenzentrum atmen, können Sie eine Vibration durch die gesamte subtile Mittellinie des Körpers spüren.

Und nun alle drei Zentren gleichzeitig: Richten Sie Ihre Aufmerksamkeit nochmals auf das Zentrum Ihres Kopfes. Richten Sie sie auf Kopf- und Herzzentrum gleichzeitig. Richten Sie sie auf alle drei Zentren gleichzeitig.

Initiieren Sie den Atem gleichzeitig von allen drei Zentren aus. Das Ausatmen geschieht, indem Sie aus allen drei Zentren heraus loslassen. Achten Sie darauf, das Kopfzentrum nicht auszulassen, lassen Sie Ihr Kopfzentrum weiteratmen, und nehmen Sie die anderen beiden dazu, so gut es geht. Fortgeschrittene können die Übung erweitern, indem Sie sich spüren lassen, wie Ihr Geist in allen drei Zentren atmet; mit dem Atem geht eine geistige Qualität einher.

Öffnen Sie Ihre Augen. Richten Sie Ihre Aufmerksamkeit gleichzeitig auf Ihr Kopfzentrum, Ihr Herzzentrum und Ihr Beckenzentrum. Lassen Sie sich den Raum, in dem Sie sich befinden, von dieser Mitte Ihrer selbst aus wahrnehmen. Normalerweise nehmen wir unsere Umgebung von unserer Oberfläche aus wahr, daher mag es sich ungewohnt anfühlen, den Raum von Ihrer Mitte aus wahrzunehmen. Fahren Sie damit fort, den Atem aus allen drei Zentren heraus gleichzeitig zu initiieren. Vielleicht können Sie spüren, dass Sie den gesamten innerlichen und äußerlichen Inhalt Ihrer Wahrnehmung loslassen können, sowohl mit dem Ein- als auch mit dem Ausatem. Alles wird weiter existieren, Sie hören jedoch auf, danach zu greifen.

Die essenziellen Qualitäten

Essenzielles Bewusstsein kann also sowohl als Leere als auch als Sein oder Präsenz erfahren werden – es ist ein Urgrund, der reich an Qualitäten ist. Sowohl buddhistische als auch hinduistische Lehren beschreiben diesen qualitativen Aspekt des essenziellen Bewusstseins. Der Buddhismus schreibt dieser ursprünglichen Dimension unserer selbst die Eigenschaften Klarheit, Glückseligkeit und Leere zu. Im Hinduismus sagt man, dass sie die Attribute Wahrheit, Intelligenz und Glückseligkeit besitzt (*sat-chit-ananda* auf Sanskrit).

Im Realization Process bezeichne ich die Qualitäten des essenziellen Bewusstseins als Gewahrsein, Emotionen und körperliche Empfindungen. Sie sind zwar konzeptuell getrennt, damit man sich leichter auf sie einstimmen kann, doch diese Qualitäten stellen ein Kontinuum dar.

Zusammen ergeben sie die beständige, unveränderlich Stille essenziellen Bewusstseins. Spezifisches, sich stetig wandelndes Gewahrsein, Emotionen und körperliche Empfindungen ziehen durch diesen gleichbleibenden, an Qualitäten reichen Urgrund.

Wenn Menschen keine Unterweisung zu diesen Qualitäten erhalten haben, meditieren Sie für gewöhnlich in dem Bereich ihrer selbst, der am offensten ist. Menschen, die dazu neigen, in ihren Gefühlen zu leben, werden sich normalerweise auf ihren Brustraum konzentrieren, wenn Sie meditieren. Je länger sie auf diese Weise weiter meditieren, desto emotionaler werden sie. Menschen, die dem Leben eher mental begegnen, neigen dazu, in ihrem Kopf zu meditieren. Sie werden mit fortschreitender spiritueller Praxis noch mentaler. Die Tendenz, in dem Teil des Körpers zu meditieren, der sich am leichtesten bewohnen lässt, kann die Dysbalance weiter intensivieren und Sie davon abhalten, essenzielles Bewusstsein zu realisieren, das ja eine Dimension von Ganzheit und Einheit ist. Daher ist es sehr wichtig, sich auf das ganze Spektrum von Qualitäten einzustimmen, um essenzielles Bewusstsein als Basis Ihres ganzen Seins zu realisieren.

Die Qualität von körperlicher Empfindung ist oft die am schwersten zugängliche Qualität, doch sie ist ein essenzieller Aspekt unserer eigenen Ganzheit und unseres Einsseins mit unserer Umgebung. Wenn wir die Qualität der körperlichen Empfindung nicht in unsere spirituelle Praxis miteinbeziehen, werden wir immer offener im oberen Teil unseres Körpers, ohne dabei den unteren Teil zu öffnen. Das bedeutet, dass wir immer weniger Kontakt zu dem Boden unter unseren Füßen spüren, immer weniger in der Erde verwurzelt sind. Diese Verlagerung nach oben kann sehr unangenehm sein, weil uns dann das Fundament und die Unterstützung für die Offenheit im oberen Teil unseres Körpers fehlen. Sie schneidet uns außerdem von den Energieströmen ab, die vom Boden aufsteigen und sich durch den Innenraum des Körpers aufwärts bewegen. Daher hält uns eine Meditation, die sich auf den oberen Teil des Körpers beschränkt, nicht nur davon ab, die feinste, ganzheitliche Dimension unseres Seins zu realisieren, sie schränkt uns auch energetisch ein.

Zwar stimmen wir uns auf jede dieser drei essenziellen Qualitäten in verschiedenen Teilen unseres Körpers ein, sie alle sind aber überall in unserem Körper vorhanden. Das ist leichter zu erfahren als konzeptuell zu begreifen.

Übung 3 Einstimmung auf die Qualitäten des essenziellen Bewusstseins

Setzen Sie sich aufrecht auf einen Stuhl oder ein Kissen, Ihre Augen können offen oder geschlossen sein. Spüren Sie, dass Sie innerhalb Ihres gesamten Körpers auf einmal sind. Richten Sie Ihre Aufmerksamkeit auf den Raum außerhalb Ihres Körpers, den Raum im Zimmer. Nehmen Sie wahr, dass es sich bei dem Raum innerhalb und außerhalb Ihres Körpers um ein und denselben, kontinuierlichen Raum handelt. Er durchzieht Sie. Nehmen Sie wahr, dass der Raum, der Ihren eigenen Körper durchzieht, ebenso die Wände des Zimmers durchzieht. Bleiben Sie in Ihrem Körper, während Sie dies wahrnehmen.

Stimmen Sie sich auf die Qualität von Gewahrsein rund um und über Ihrem Kopf ein. Das heißt, Sie werden sich Ihres Gewahrseins gewahr.

Nehmen Sie wahr, wie die Qualität von Gewahrsein Ihren ganzen Körper durchzieht.

Nehmen Sie wahr, wie die Qualität von Gewahrsein Ihren ganzen Körper und die Umgebung zugleich durchzieht.

Stimmen Sie sich auf die Qualität von Emotion im mittleren Drittel Ihres Körpers ein, also im Brustraum und in der Körpermitte.

Nehmen Sie wahr, wie die Qualität von Gefühl Ihren ganzen Körper durchzieht.

Nehmen Sie wahr, wie die Qualität von Gefühl Ihren ganzen Körper und die Umgebung zugleich durchzieht.

Stimmen Sie sich auf die Qualität von körperlicher Empfindung in Ihrem Becken, Ihren Beinen und Füßen und auch unterhalb Ihres Körpers ein.

Nehmen Sie wahr, wie die Qualität von körperlicher Empfindung Ihren ganzen Körper durchzieht.

Nehmen Sie wahr, wie die Qualität von körperlicher Empfindung Ihren ganzen Körper und die Umgebung zugleich durchzieht.

Nehmen Sie jetzt wahr, wie die Qualität von körperlicher Empfindung Ihren ganzen Körper und die Umgebung zugleich durchzieht und auch, wie die Qualität von Gewahrsein Ihren ganzen Körper und die Umgebung zugleich durchzieht.

Nehmen Sie die Qualität von Gefühl hinzu, die Ihren ganzen Körper und zugleich die Umgebung durchzieht. Nehmen Sie wahr, wie alle drei Qualitäten Ihren ganzen Körper und die Umgebung zugleich durchziehen. Wenn Sie sich auf alle drei Qualitäten einstimmen, werden sie undifferenzierter. Es ist, als ob sie zu einer vierten Qualität werden, die alles durchzieht. Das ist das qualitative Gefühl, das zu der Präsenz von essenziellem Bewusstsein gehört.

Bleiben Sie einen Moment lang in diesem, an Qualitäten reichen Urgrund sitzen. Gestatten Sie Ihrem Atem, sich in Leichtigkeit durch den Raum zu bewegen.

Stehen und sich Bewegen als essenzielles Bewusstsein

Als nächstes folgen zwei der vielen Übungen im Stehen und Gehen, die wir im Realization Process praktizieren. Diese Übungen können Ihnen helfen, Ihre Realisation von essenziellem Bewusstsein zu stabilisieren, so dass es nicht bloß ein Zustand ist, in den Sie sich hineinbegeben und den Sie dann im Alltag wieder verlieren, sondern dass es zu einer steten Seinsweise wird. Als essenzielles Bewusstsein Stehen, Gehen und sich Bewegen unterstützt Sie außerdem darin, ein Gefühl der Erdung zu entwickeln, so dass Sie Ihre energetischen Wurzeln in den Boden unter Ihnen nicht verlieren und die Ganzheit und Einheit essenziellen Bewusstseins aufrechthalten können.

Übung 4 Stehen als essenzielles Bewusstsein

Stehen Sie auf ebenem Grund, am besten ohne Schuhe. Nehmen Sie wahr, dass Sie in Ihren Füße sind, dass Sie sie bewohnen. Lassen Sie sich das ganze Fundament wahrnehmen, das Ihre Füße Ihnen bieten, von den Zehen bis zu den Fersen. Es geht nicht nur darum, dass Sie sich Ihrer Füße gewahr sind, sondern darum, tatsächlich darin anwesend zu sein. Sie *sind* der Innenraum Ihrer Füße.

Achten Sie darauf, weiterhin in Ihren Füßen zu bleiben, während Sie atmen, das heißt, dass Ihr Einatem Sie nicht nach oben und von Ihren Füßen weg zieht.

Spüren Sie, dass es keine Trennung zwischen Ihnen und dem Boden unter Ihnen gibt.

Richten Sie Ihre Aufmerksamkeit auf die Mitte der Unterseiten Ihrer Fersen. Finden Sie in Ihrem Gewahrsein eine Balance zwischen den beiden Punkten, indem Sie ihre Aufmerksamkeit exakt zur gleichen Zeit auf beide richten.

Spüren Sie, dass Sie in Ihren Knöcheln sind. Spüren Sie, dass der Innenraum Ihrer Knöchel kontinuierlich in den Innenraum Ihrer Füße übergeht.

Spüren Sie, dass Sie in Ihren Unterschenkeln, Knien und Oberschenkeln sind.

Spüren Sie, dass Sie in Ihren Hüftgelenken sind. Finden Sie in Ihrem Gewahrsein eine Balance zwischen den beiden Innenräumen der Hüftgelenke, indem Sie ihre Aufmerksamkeit auf beide gleichzeitig richten. Spüren Sie, wie die Hüftgelenke auf den Mittelpunkten der Fersenunterseiten ruhen, wie sie sich darauf niederlassen. So wird eine gefühlte Verbindung, ähnlich einem feinen Draht, zwischen den Mittelpunkten Ihrer Fersen und Ihren Hüftgelenken entstehen. Spüren Sie, dass Sie in Ihren Beinen stehen, statt auf ihnen.

Spüren Sie, dass Sie in Ihrem gesamten Torso sind: Becken, Körpermitte und Brustraum, bis hin zur Rückwand Ihres Torsos.

Spüren Sie, dass Sie in Ihren Schultern und in Ihren Schultergelenken sind. Finden Sie in Ihrem Gewahrsein eine Balance zwischen den beiden Innenräumen der Schultergelenke, indem Sie ihre Aufmerksamkeit auf beide gleichzeitig richten. Spüren Sie, dass Ihre Schultergelenke auf Ihren Hüftgelenken ruhen. So werden Ihre Schultern und Arme unterstützt.

Nehmen Sie wahr, dass Sie in Ihren Armen, Handgelenken und Händen sind, bis hinab in die Fingerspitzen.

Spüren Sie, dass Sie in Ihrem Hals sind und lassen Sie sich darin nieder. Lassen Sie sich in Ihrem Kehlkopf ruhen. Viele Menschen ziehen sich vom Boden weg, indem Sie den Hals nach oben recken. Achten Sie darauf, sich in Ihrem Hals niederzulassen, so dass es einen gefühlten Bezug vom Innenraum Ihres Halses zum Boden unter Ihnen gibt.

Spüren Sie, dass Sie in Ihrem Kopf sind, dass Sie Ihr Gesicht und Ihr ganzes Gehirn bewohnen.

Richten Sie Ihre Aufmerksamkeit auf die Mitte Ihres Kopfes. Spüren Sie, wie die Mitte Ihres Kopfes auf dem Boden ruht, beziehungsweise sich darauf niederlässt.

Spüren Sie, wie der gesamte Innenraum Ihres Körpers, einschließlich Ihres Kopfes, einen Bezug zum Boden hat, so als ob Ihr ganzer Körper dem Boden entwüchse.

Spüren Sie, wie Sie in Ihrem gesamten Körper gleichzeitig sind. Nehmen Sie die Qualität Ihres Selbst in Ihrem gesamten Körper wahr.

Lassen Sie sich spüren, dass es keinen Unterschied zwischen Ihrem Körper und Ihrem Selbst gibt. Ihr Selbst steht gerade hier.

Heben Sie nun langsam Ihre Arme, bis Sie sie vor sich ausgestreckt haben. Bleiben Sie in Ihren Armen und auf die Qualität Ihres Selbst eingestimmt, während Sie sich bewegen. Nehmen Sie wahr, wie der Raum innerhalb Ihres Arms sich durch den Raum im Zimmer bewegt. Nehmen Sie die Qualität des Selbst wahr, wie sie sich durch den Raum bewegt. Bringen Sie auf die gleiche Weise Ihre Arme seitlich nach unten und bewegen sich dabei durch den Innenraum Ihrer Arme.

Heben Sie Ihre Arme seitlich von sich weg, bis sie einen rechten Winkel zu Ihrem Körper bilden. Bleiben Sie in Ihren Armen und auf die Qualität des Selbst eingestimmt, während Sie sich bewegen. Bringen Sie Ihre Arme auf die gleiche Weise seitlich zurück.

Richten Sie Ihre Aufmerksamkeit auf den Raum außerhalb Ihres Körpers, den Raum im Zimmer. Nehmen Sie wahr, dass es sich bei dem Raum innerhalb und außerhalb Ihres Körpers um ein und denselben, kontinuierlichen Raum handelt. Spüren Sie, wie der Raum, der Sie durchzieht, auch alles Sie Umgebende durchzieht, selbst die Wände des Zimmers.

Übung 5 Den aufsteigenden Strom aufnehmen

Richten Sie Ihre Aufmerksamkeit wieder auf die Mittelpunkte Ihrer Fersenunterseiten. Finden Sie in Ihrem Gewahrsein eine Balance zwischen den beiden Punkten. Öffnen Sie diese Punkte, und lassen Sie einen sich aufwärts bewegenden Energiestrom von unten in Ihre Knöchel und Beine aufsteigen. Ziehen Sie die Energie nicht nach oben oder stellen Sie sie sich vor. Öffnen Sie die Punkte, und erlauben Sie der Energie, von selbst aufzusteigen.

Richten Sie Ihre Aufmerksamkeit auf das Innere Ihrer Hüftgelenke. Lassen Sie die Hüftgelenke auf den Mittelpunkten Ihrer Fersenunterseiten ruhen. Nehmen Sie die aufsteigende Energie in Ihren Hüftgelenken auf. Die Energie entspringt unterhalb der Mitte Ihrer Fersen.

Richten Sie Ihre Aufmerksamkeit auf das Zentrum Ihres Kopfes. Spüren Sie, dass sich das Zentrum Ihres Kopfes Richtung Boden niederlässt. Nehmen Sie die aufsteigende Energie im Zentrum Ihres Kopfes auf. Die Energie entspringt unterhalb der Mitte Ihrer Fersen und zugleich auch unterhalb des Zentrums am unteren Ende Ihres Torsos.

Erlauben Sie der aufsteigenden Energie, sich durch das Zentrum in Ihrem Scheitelpunkt weiterzubewegen. Der oberste Teil Ihres Kopfes muss sich sanft niederlassen, damit die Energie sich hindurchbewegen kann.

Je mehr Sie sich mit Ihrem ganzen Körper Richtung Boden niederlassen, desto einfacher und flüssiger wird der Strom durch Ihren Körper aufsteigen.

Sehen und Hören als essenzielles Bewusstsein

Die Art und Weise, auf die wir unseren Körper bewohnen, oder ihn zusammenziehen, ist entscheidend dafür, wie wir sehen, hören, berühren, riechen und schmecken. Der Körper ist, genauso wie das Sein, ein fraktales Muster. Ein Fraktal ist ein Muster, das sich innerhalb einer einzelnen Form wiederholt, und zwar in jeder Dimension innerhalb dieser Form, so wie sich beispielsweise in der Form eines Astes die Form des gesamten Baumes widerspiegelt. Oder wie die Form einer Einbuchtung an einer Küste die Form der ganzen Küstenlinie widerspiegelt. Dieses Muster, das man Selbstähnlichkeit nennt, wurde von dem Mathematiker Benoît Mandelbrot entdeckt.[4]

Auf eben diese Weise wird das gesamte Spektrum von Gewahrsein bis hin zu körperlichen Empfindungen, das man im gesamten Körper findet, in jedem noch so kleinen Teil des Körpers widergespiegelt. Körperarbeitstechniken wie Hand- oder Fußreflexzonenmassage machen sich dieses Prinzip beispielsweise durch die Stimulation eines Punktes am Fuß zunutze, der automatisch einen korrespondierenden Bereich im restlichen Körper stimuliert.

Wie ich im nächsten Kapitel ausführlicher beschreiben werde, organisieren wir die Art, wie wir in unseren Körpern leben, in Reaktion auf schmerzhafte Ereignisse in unserem Kindheitsumfeld. Diese Organisation besteht aus einem Muster aus Offenheit und Blockaden im Körper, das, wenn wir uns ihm nicht bewusst werden, für den Rest unseres Lebens zur Gestalt unseres Seins wird. Dieses Muster wird in jedem noch so kleinen Teil unseres Körpers widergespiegelt, einschließlich unserer Sinnesorgane.

Wenn wir also beispielsweise vor allem im oberen Teil unseres Körpers leben, werden wir überwiegend aus dem oberen Teil unserer Augen herausschauen. Wenn wir vor allem im unteren Bereich unseres Körpers leben, werden wir überwiegend aus dem unteren Teil unserer Augen hinausschauen. Wenn wir vor allem in unseren Emotionen und im mittleren Bereich unseres Körpers leben, werden wir aus einem schmalen Streifen in der Mitte unserer Augen hinausschauen.

Sie können das ausprobieren, indem Sie auf einen Teppich oder eine andere Textur im Raum blicken. Achten Sie sorgfältig auf jegliche Veränderungen in Ihrem Körper, während Sie sich die Textur des Teppichs ansehen lassen. Sie bemerken vielleicht, dass Sie sich automatisch in den unteren Teil Ihres Körpers begeben, während Sie das tun. Das liegt daran, dass Texturen zu unseren körperlichen Empfindungen der Welt gehören. Etwas ganz Ähnliches wird passieren, wenn Sie Ihre Hand auf ein Stück Stoff legen und sich dann dessen Textur fühlen lassen.

Wenn wir unseren Körper als Ganzes bewohnen, dann sehen, hören, berühren, riechen und schmecken wir auch mit unserem ganzen Körper und Sein. Das macht die Erfahrung unserer Umwelt vollständiger und reicher. Indem wir die Dimension des essenziellen Bewusstseins freilegen, die unseren Körper und unser Umfeld als Einheit durchzieht, vereinen sich auch unsere Sinne. Wir sind dann zum Beispiel in der Lage, gleichzeitig zu sehen und zu hören. Das lässt den Eindruck des „im Moment Seins“ entstehen, der mit non-dualer Realisation in Verbindung gebracht wird. Wir nehmen wahr, wie der gegenwärtige Moment direkt aus der durchdringenden Leere essenziellen Bewusstseins heraus entsteht, sozusagen als eine „Multimedia-Erfahrung“, die von all unseren Sinnen auf einmal erfasst wird. Im Buddhismus wird dies direkte oder auch reine Wahrnehmung genannt.

Reine Wahrnehmung bringt eine Reihe subtilerer Sinneswahrnehmungen hervor. Wir sind dann unter Umständen in der Lage, die Ausstrahlung, die alle Formen in der Natur besitzen, zu sehen, oder diese Ausstrahlung als feines, summendes Geräusch zu hören. Wir können die Transparenz der von essenziellem Bewusstsein durchdrungenen Welt tatsächlich sehen. Wir nehmen wahr, dass wir sehen und berühren können, nicht etwa nur die Oberflächen der Körper anderer Menschen, sondern bis hinein in das Sein innerhalb ihrer Körper. Es ist eine tiefe, intime Wahrnehmung der uns umgebenden Welt.

Wenn wir diese Vereinigung der Sinne im essenziellen Bewusstsein nicht verstehen und gezielt praktizieren, wird uns die gewohnte, eingeengte Weise, in der wir unsere Sinne benutzen, in einem fragmentierten Wahrnehmungsfeld halten und verhindern, dass wir die Einheit essenziellen Bewusstseins realisieren. Oder wir werden zwar in unserer Meditationspraxis offen, schalten aber in unsere alten Wahrnehmungsmuster zurück, sobald wir es mit dem Alltag zu tun bekommen. Die folgende Übung kann Ihnen helfen, die Veränderung zu verstehen, die in unserem Hören und Sehen stattfindet, wenn wir uns selbst als essenzielles Bewusstsein realisieren.

Übung 6 Direkte Wahrnehmung

Sitzen Sie aufrecht und mit geöffneten Augen. Spüren Sie, dass Sie in Ihrem gesamten Körper sind. Richten Sie Ihre Aufmerksamkeit auf den Raum außerhalb Ihres Körpers, also auf den Raum im Zimmer. Nehmen Sie jetzt wahr, dass es sich bei dem Raum innerhalb und außerhalb Ihres Körpers um ein und denselben, kontinuierlichen Raum handelt. Er durchzieht Sie. Lassen Sie Ihren Atem sich durch den Raum bewegen, ohne dadurch die Stille des Raumes zu stören. Nehmen Sie wahr, wie der Raum, der Ihren Körper durchzieht, ebenso alle Gegenstände und die Wände des Raums durchzieht. Bleiben Sie in Ihrem ganzen Körper, während Sie das wahrnehmen.

Nehmen Sie wahr, dass alle Geräusche, die Sie hören, einfach im Raum auftauchen, ohne etwas an der Stille des Raumes zu ändern. Der Raum durchzieht Sie und die Geräusche.

Stellen Sie sich vor, dass der Raum selbst die Geräusche hört. Sie müssen nicht bewusst zuhören, um etwas zu hören. Das Hören ereignet sich von allein, ohne irgendein Bemühen Ihrerseits. Begeben Sie sich nicht nach außen auf die Geräusche zu, sondern bleiben Sie in Ihrem gesamten Körper, während Sie das wahrnehmen. Die Geräusche tauchen direkt aus dem Raum heraus auf.

Lassen Sie nun alles, was Sie sehen, einfach im Raum sein, ohne dass sich dadurch etwas an der Stille des Raums verändert. Entspannen Sie Ihre Augen, und lassen Sie Ihr visuelles Feld eins werden mit dem Raum des essenziellen Bewusstseins.

Alles, was Sie sehen, ob es sich bewegt oder feststeht, erscheint im Raum, ohne ihn zu verändern. Der Raum durchzieht Ihren ganzen Körper, und ebenso durchzieht er alles, was Sie sehen.

Nehmen Sie wahr, wie der Raum selbst das Sehen übernimmt. Sie müssen nicht bewusst schauen, um etwas zu sehen. Das Sehen geschieht von allein. Sie nehmen die visuellen Bilder ohne jegliche Mühe auf. Alles, was Sie sehen, taucht direkt aus dem Raum heraus auf.

Sie können das vor einem sich bewegenden Gegenstand üben, wie zum Beispiel einer flackernden Kerze oder dem Dampf von kochendem Wasser. Nehmen Sie die Stille essenziellen Bewusstseins wahr, während der visuelle Reiz sich hindurch bewegt.

Sie spüren vielleicht, dass Ihre Augen sich nicht fokussieren, während sie sich entspannen. Mit etwas Übung werden sie sich erneut und mit größerer Klarheit fokussieren.

Nehmen Sie nun wahr, wie alles, was Sie hören und alles, was Sie sehen, gleichzeitig im Raum des essenziellen Bewusstseins erscheint, ohne ihn zu stören. Bleiben Sie einige Minuten lang sitzen, und lassen Sie den Raum das Sehen und das Hören übernehmen, ohne irgendein Zutun ihrerseits.

Die Partnerübungen

Der Innenraum des Körpers verfügt über ein Potenzial, das in der spirituellen Literatur nur selten thematisiert wird: er kann mit dem Innenraum des Körpers einer anderen Person in Kontakt und Resonanz treten, sogar aus der Entfernung. Als unsere spirituelle Essenz sind wir in der Lage, andere Menschen aus der inneren Tiefe unserer Körper zu berühren und dort von ihnen berührt zu werden, und das selbst ohne tatsächliche körperliche Berührung. Der Realization Process beinhaltet Übungen, die zu zweit durchgeführt werden können, um dieses Potenzial von Verkörperung erfahrbar zu machen. Wenn zwei Menschen sich gemeinsam auf essenzielles Bewusstsein einstimmen, können Sie wahrnehmen, dass Sie aus ein und demselben Bewusstsein bestehen, das sie beide als eine Einheit durchzieht.

Die Partnerübungen trainieren die Fähigkeit, sich als essenzielles Bewusstsein auf andere Menschen zu beziehen. Da wir die meisten unserer schützenden Haltemuster in Reaktion auf andere Menschen erzeugt haben, ist es wichtig, gezielt zu üben, in Kontakt zu gehen, ohne dabei die Offenheit für spirituelle Essenz zu verlieren. Dies kann Ihnen helfen, Ihre Realisation zu stabilisieren, so dass sie zu einer stetigen Transformation Ihres Erlebens Ihrer selbst und der Welt wird.

Die Übungen vermitteln Ihnen, wie Sie den inneren Raum und die subtile Mitte Ihres Körpers bewohnen können, während Sie mit anderen interagieren. Je tiefer der Kontakt zu Ihnen selbst ist, desto intimer können Sie mit anderen in Kontakt treten, ohne dabei fürchten zu müssen, aus sich selbst verdrängt zu werden oder den Kontakt nach innen zu verlieren.

Wenn Sie Ihren Körper bewohnen, werden Ihre Empfindungen tiefer und fließender. Wenn Sie etwa den Innenraum Ihrer Brust bewohnen, bewegen sich Ihre Gefühle leichter und tiefer. Aus Ihrer inneren Tiefe heraus sind Sie zugänglicher und können auf andere mit Verständnis, Gefühlen und Empfindungen reagieren. Den Körper zu bewohnen bedeutet, chronische Erstarrungen nach und nach zu lösen. Auf diese Weise werden Sie weicher und offener gegenüber der Sie umgebenden Welt, ohne dabei das Gefühl der Abgrenzung zwischen Ihnen und den anderen zu verlieren. Die Grenze, die durch das Bewohnen des Körpers entsteht, ist klar und dabei doch durchlässig.

Ihren Körper zu bewohnen vertieft Ihren Kontakt zu anderen Menschen. Wenn beispielsweise zwei Menschen, die beide ihre Hände bewohnen, sich mit den Händen berühren, ist der Kontakt satter und breitet sich durch den gesamten inneren Raum der Hände hindurch aus. Sie spüren darin mehr als nur die Textur der Haut des Anderen oder die Festigkeit des anderen Körpers, sie spüren, dass sie im Inneren ihrer Hände mit dem Sein des Anderen Kontakt aufnehmen.

Wie ich bereits sagte, ist der Innenraum des Körpers zu einem solchen zwischenmenschlichen Kontakt in der Lage, ohne dass dazu tatsächlicher physischer Kontakt zwischen den beiden Körpern notwendig ist. Die Zärtlichkeit in Ihrem eigenen Brustraum etwa kann die Zärtlichkeit im Brustraum einer anderen Person am anderen Ende des Raums fühlen und sich mit ihr verbinden. Alle Qualitäten in Ihrem Körper resonieren auf diese Weise mit den Qualitäten in einem anderen Körper. Die Resonanz geschieht, ohne dass Sie Ihren eigenen Körper verlassen oder energetisch in den anderen Körper eindringen.

Ein solch tiefer Kontakt kann mit jedem stattfinden, sogar mit Menschen, die wir nicht kennen, oder mit Menschen, die nicht auf diesen Kontakt eingestimmt sind. Eine Frau erzählte mir kürzlich, wie sie in der U-Bahn saß und feststellte, dass sie aus der inneren Tiefe ihres Körpers heraus mit der inneren Tiefe der sie umgebenden Menschen Kontakt aufnahm. Sie sagte, sie sei so bewegt davon gewesen, Teil dieses Feldes menschlicher Liebe zu sein, dass sie sich kaum dazu habe durchringen können, an ihrer Station auszusteigen. Sie erzählte außerdem, dass sie am gleichen Abend ein Konzert besucht und bemerkt habe, dass das Misstrauen, das sie üblicherweise in Menschenmengen verspürte, verschwunden war.

In der folgenden Partnerübung des Realization Process stimmen sich beide Partner gleichzeitig auf den Innenraum des eigenen Körpers und den des Partners ein. Sie stimmen sich auf den Raum ein, der ihre Körper als eine Einheit durchzieht. Dabei findet kein Verschmelzen mit dem anderen und kein Verlust von Kontakt mit sich selbst statt, da beide Personen den eigenen Körper bewohnen.

Dies kann zur Bewältigung mancher Herausforderung von spiritueller Sensibilität sehr hilfreich sein. Sensible Menschen sind sich oft der mentalen und emotionalen Vorgänge in anderen so sehr bewusst, dass sie den Kontakt zu ihren eigenen inneren Empfindungen und Bedürfnissen verlieren. Sie gehen zum Beispiel eine Beziehung ein aus einem alten Muster heraus, sich um den Schmerz anderer Menschen kümmern zu müssen, ohne dabei auf ihre jeweiligen eigenen Empfindungen zu hören oder darauf, ob sie sich tatsächlich nach diesem Menschen sehnen. Oder sie verschließen sich um den Kontakt mit sich selbst zu wahren vor einem Menschen, zu dem es sie wirklich hinzieht, und damit vor der Liebe.

Die Partnerübung kann außerdem helfen, die eigene spirituelle Essenz zu realisieren. Sich gemeinsam auf diese ursprüngliche Essenz einzustimmen unterstützt beide Partner darin, sich in die Mitte des eigenen Seins zu vertiefen und in die Ganzheit des essenziellen Bewusstseins zu gelangen. Bei diesen Übungen können wir spüren, wo wir mit einer anderen Person in Kontakt kommen und an welchen Stellen unseres Körpers der Kontakt blockiert ist. So können wir herausfinden, wo unsere eigene Verkörperung unausgewogen ist und wo wir unsere Realisation von essenziellem Bewusstsein blockieren. Die Übung kann auch hilfreich dafür sein, die Resonanz zwischen den Partnern bezüglich aller Seinsqualitäten zu vervollständigen. Wenn ein Paar beispielsweise zwar sexuelle und mentale, aber keine emotionale Resonanz miteinander erlebt, kann diese Übung dabei helfen, sich emotional aufeinander einzustimmen.

Übung 7 Einstimmung auf essenzielles Bewusstsein mit einem Partner

Setzen Sie sich einander aufrecht auf Stühlen oder Kissen und mit offenen Augen gegenüber. Sie müssen keinen Augenkontakt miteinander haben, doch halten Sie Ihre Augen offen, so dass Sie sich der anderen Person visuell gewahr sind. Folgen Sie beide gleichzeitig den Anweisungen.

Spüren Sie, dass Sie Ihre Füße bewohnen. Achten Sie darauf, in Ihren Füßen zu bleiben, während Sie atmen, also darauf, dass Ihr Einatem Sie nicht aus Ihren Füßen nach oben zieht. Spüren Sie, wie Sie in Ihrem ganzen Körper auf einmal sind. Richten Sie Ihre Aufmerksamkeit auf den Raum außerhalb von Ihnen. Nehmen Sie wahr, dass es sich bei dem Raum innerhalb und außerhalb Ihres Körpers um ein und denselben, kontinuierlichen Raum handelt. Er durchzieht Sie.

Nehmen Sie wahr, wie der Raum, der Ihren Körper durchzieht, Ihren Partner ebenfalls durchzieht. Bleiben Sie in Ihrem eigenen Körper, während Sie dies wahrnehmen.

Lassen Sie Ihren Atem durch den Körper gehen, so dass Ihr Atem Ihre eigene Verortung im Raum bestärkt.

Lassen Sie den Raum sich selbst und Ihren Partner sehen und in sich aufnehmen, genau so, wie Sie in diesem Moment gerade sind. Entspannen Sie Ihr visuelles Feld, so dass es eins wird mit dem essenziellen Bewusstsein.

Spüren Sie, dass Sie Ihr Gehirn bewohnen. Richten Sie Ihre Aufmerksamkeit auf den Innenraum Ihres eigenen Gehirns und zugleich auf den Innenraum des Gehirns Ihres Partners. Das hilft Ihnen, die Weite des essenziellen Bewusstseins zu spüren, das Sie beide gleichzeitig durchzieht.

Stimmen Sie sich auf die Qualität von Verstehen in Ihrem Gehirn ein. Stimmen Sie sich auf Ihre eigene Qualität von Verstehen und die Ihres Partners zugleich ein. Das hilft Ihnen, Resonanz zwischen Ihrer eigenen Qualität von Verstehen und der Ihres Partners zu spüren.

Spüren Sie, dass Sie in Ihrem Hals sind. Richten Sie Ihre Aufmerksamkeit auf den Innenraum Ihres Halses und zugleich auf den Innenraum des Halses Ihres Partners. Stimmen Sie sich auf die Qualität Ihrer Stimme, also Ihres Potenzials, zu sprechen, in Ihrem Hals ein. Stimmen Sie sich auf die Qualität Ihrer eigenen Stimme und die Ihres Partners zugleich ein.

Spüren Sie, dass Sie in Ihrem Brustraum sind. Richten Sie Ihre Aufmerksamkeit auf den Innenraum Ihrer eigenen Brust und zugleich auf den Innenraum der Brust Ihres Partners. Stimmen Sie sich auf die Qualität von Liebe in Ihrem Brustraum ein. Es muss sich dabei nicht um ein großes Gefühl handeln, ein wenig Zärtlichkeit im Inneren Ihres Brustraumes reicht aus. Lassen Sie sich spüren, dass Sie in Ihrem Herzen Platz nehmen. Stimmen Sie sich auf Ihre eigene Qualität von Liebe und auf die Ihres Partners zugleich ein.

Spüren Sie, dass Sie in Ihrer Körpermitte sind. Richten Sie Ihre Aufmerksamkeit auf den Innenraum Ihrer eigenen Körpermitte und zugleich auf den Innenraum der Körpermitte Ihres Partners. Stimmen Sie sich auf die Qualität von Kraft, also von persönlicher Stärke, in Ihrer Körpermitte ein. Stimmen Sie sich auf Ihre eigene Qualität von Kraft und die Ihres Partners zugleich ein.

Spüren Sie, dass Sie in Ihrem Becken sind. Richten Sie Ihre Aufmerksamkeit auf den Innenraum Ihres eigenen Beckens und zugleich auf den Innenraum des Beckens Ihres Partners. Stimmen Sie sich auf die Qualität von Geschlechtlichkeit in Ihrem Becken ein, wie auch immer sich das für Sie anfühlen mag. Stimmen Sie sich auf Ihre eigene Qualität von Geschlechtlichkeit und die Ihres Partners zugleich ein.

Spüren Sie, dass Sie in Ihrem gesamten Körper auf einmal sind. Stimmen Sie sich auf die Qualität des Selbst in Ihrem gesamten Körper ein. Stimmen Sie sich auf Ihre eigene Qualität des Selbst und die Ihres Partners zugleich ein.

Richten Sie Ihre Aufmerksamkeit auf den Raum außerhalb Ihrer selbst. Nehmen Sie wahr, dass es sich bei dem Raum innerhalb und außerhalb Ihres Körpers um ein und denselben, kontinuierlichen Raum handelt. Er durchzieht Sie. Nehmen Sie wahr, wie der Raum, der Ihren Körper durchzieht, auch Ihren Partner durchzieht. Bleiben Sie in Ihrem eigenen Körper, während Sie dies wahrnehmen.

Lassen Sie den Raum nochmals Sie und Ihren Partner sehen und in sich aufnehmen, genau so, wie Sie in diesem Moment gerade sind.

Die Übungen des Realization Process können mit jeder anderen spirituellen Praxis kombiniert werden. Viele meiner Schüler wenden sie in den Kampfkünsten an oder als Vorbereitung auf die Techniken des offenen Gewahrseins aus der buddhistischen Vajrayana- und Dzogchen-Meditation. Wenn Sie religiös sind, können die Übungen Ihnen helfen, Ihren Geist und Ihr Herz im Gebet zu fokussieren und Ihre Empfänglichkeit für die göttliche Liebe zu vertiefen.

Falls Sie keine Meditationspraxis haben, schlage ich vor, dass Sie nach jeder Übung des Realization Process Ihre Aufmerksamkeit auf den subtilen Raum essenziellen Bewusstseins richten, der Sie und Ihre Umgebung durchzieht, und eine Weile als jener durchdringende Raum sitzen bleiben. Als dieser Raum können Sie das Greifen nach dem Inhalt Ihrer Erfahrung loslassen. Dehnen Sie sich dabei nicht nach außen in Ihre Umgebung aus, sondern lassen Sie sich in den Raum auflösen, der bereits da ist und alles durchzieht. Sie werden dabei nicht verschwinden, da dieser durchdringende Urgrund Ihre wahre Natur ist – er ist, wer Sie sind. Nehmen Sie wahr, dass der Raum das Sehen und Hören übernimmt und Ihre gesamte Erfahrung in sich aufnimmt, genau so, wie sie im Moment gerade ist.

Ich habe diese Übungen tausenden Menschen vermittelt, aber es erfüllt mich noch immer mit Erstaunen, die Transformation – so wundersam wie eine Geburt – mitzuerleben, die geschieht, wenn Menschen in ihre Körper nach Hause kommen und die ganzheitliche, leuchtende Transparenz aufdecken, die alles durchzieht.

Kapitel 3

Heilung von Beziehungstraumata

Und vergiss nicht, dass auch die Faust
einmal eine offene Hand war.

YEHUDA AMICHAI

Der Körper ist der Schauplatz von psychischen Abwehrmechanismen und auch von spirituellem Erwachen. Daher betrachten wir im Realization Process psychische Reifung und spirituelles Erwachen als ein und denselben Prozess. Beide erfordern die Befreiung des Körpers von abwehrenden Haltemustern und die Einstimmung auf die subtilste, ursprüngliche Ebene des Seins. Je mehr wir uns auf diese primäre Ebene unserer selbst einstimmen, desto einfacher wird es, die Haltemuster in unserem Körper zu erkennen und zu lösen. Als essenzielles Bewusstsein lassen wir allmählich das defensive Greifen nach uns selbst los. Dann können wir die volle Lebendigkeit eines jeden Moments in unserem Leben ohne Hindernisse in uns aufnehmen. Wir können den freien, grenzenlosen Fluss unserer Wahrnehmungen, Kognitionen, Emotionen und Empfindungen zulassen. Wir können jeden Moment als einheitliches Ganzes innerhalb und außerhalb unseres Körpers erleben.

Manchmal wird gelehrt, dass spirituelles Erwachen das individuelle Selbst transzendiert, mitsamt seinem Leiden und seiner Verwirrung. Diese Lehren raten uns, den alltäglichen Kummer zu ignorieren und uns einfach als das weite Bewusstsein auf dem Grund unseres Wesens zu erkennen. Aber ganz egal, wie klar wir verstehen mögen, dass unsere wahre Natur transzendent ist, werden wir sie nicht realisieren, wenn wir versuchen, unser individuelles Sein zu ignorieren. Der Urgrund unseres Seins kann nur durch tiefen und präzisen Kontakt zu uns selbst freigelegt werden. Der weite, offene Raum spirituellen Gewahrseins ist unser eigener, grenzenloser Geist. Der weite, offene Raum des spirituellen Herzens ist unser eigenes, von Einengungen freies Herz.

In manchen zeitgenössischen spirituellen Lehren wird die von selbst auftauchende Natur essenziellen Bewusstseins mit der westlichen religiösen Vorstellung von Gnade verwechselt, in der ein völlig fremder und doch wunderbarer Zustand in uns landet, weil wir Gott auf irgendeine Weise erfreut haben. Einige Menschen erzählten mir betrübt, dass sie auf dieses Ereignis gewartet und gewartet hätten, bislang jedoch erfolglos. So funktioniert es nicht. Essenzielles Bewusstsein taucht dann auf, wenn wir offen genug geworden sind, damit es erscheinen kann. Es ist nichts, was uns fremd ist; es ist unsere eigene essenzielle Natur, die offenbar wird, wenn Körper, Herz und Geist offen sind.

Die meisten Blockaden in unserem Sein gehen auf Beziehungstraumata zurück. Mit Beziehungstraumata meine ich unaushaltbar schmerzhafte oder verwirrende Situationen in Beziehungen zu Schlüsselfiguren in der Kindheit. Diese Ereignisse können durchaus klein sein: ein vertrautes, liebevolles Gesicht, das plötzlich durch Wut oder Tränen verzerrt wird, oder das erzwungene Zurückhalten unserer eigenen Tränen, unserer Stimme oder unserer Vitalität. Wenn einem beim Anblick des traurigen Gesichts der Mutter jedes Mal das Herz weh tut, zieht man vielleicht die Brust zusammen, um den Schmerz nicht zu spüren. Wenn einen die Geräusche der streitenden Eltern ängstigen, zieht man möglicherweise die am Hören beteiligte Anatomie zusammen und unterdrückt das ängstliche Gefühl im Bauch.

Unsere Blockadenmuster sind fast immer unbewusst. Wenn sie sich im Laufe der Zeit wiederholen, verhärten sie sich im Gewebe des Körpers und werden zu chronischen unbewussten Haltemustern. Diese Muster werden dann zu unserer ständigen Selbstorganisation, unserer persönlichen Konstruktion von Offenheit und Abwehr. Sie werden zu unserer Gestalt, und das bis ans Ende unseres Lebens, wenn wir uns nicht darum bemühen, sie zu lösen. Manche Blockadenmuster verfestigen sich nicht im Körper, sondern werden zu eingefahrenen Verhaltensmustern, in die wir unbewusst verfallen, wann immer uns die gegenwärtigen Umstände an jene Situationen in der Kindheit erinnern, die sie ursprünglich erzeugt haben.

Wir können weder die Wirkung unserer Umgebung auf uns eindämmen noch unsere Reaktion auf sie unterdrücken, ohne dabei unseren Körper zusammenzuziehen. Wenn Sie an etwas Trauriges denken und dann versuchen, sich nicht traurig zu fühlen, werden Sie feststellen, dass Sie automatisch Ihre Brust zusammenziehen. Wenn Sie versuchen, ein Motorengeräusch von draußen nicht zu hören, werden Sie automatisch die am Hören beteiligte Anatomie zusammenziehen. Eine weitere Art, wie Kinder ihr jeweiliges Muster von Offenheit und Abwehr erzeugen, ist die Spiegelung der elterlichen Muster. Es handelt sich dabei nicht um eine bewusste Imitation, sondern eher um eine Art Übertragung. Da wir im gleichen Energiefeld wie unsere Eltern leben, resonieren wir automatisch mit dem Schwingungsmuster ihrer Körper. Wir werden dort offen und fließend, wo auch sie offen und fließend sind, und dort starr, wo sie starr sind.

Zudem formen wir unsere Gestalt in Reaktion auf den Kontakt zu unseren Eltern, oder auch auf den Mangel an Kontakt zu ihnen. Mit Kontakt meine ich hier das unmittelbare Gefühl von Resonanz zwischen unserem eigenen Körper und den Körpern der Eltern. In der Kindheit wird der Kontakt zu uns selbst durch diese Art Kontakt zu unseren Eltern genährt und ausgereift. Wenn beispielsweise eine Mutter im Herzen offen ist, im Becken hingegen nicht, gibt es in der Herzgegend einen Austausch auf der Schwingungsebene zwischen ihr und ihrem Kind, jedoch nicht in der Beckengegend. Das heranwachsende Kind wird dann in seinem Herzen offen und zugänglich sein, aber weniger offen in seinem Becken.

Hinzu kommt, dass wir kompensierende Muster in unserem Körper festhalten, wie etwa eine Haltung der Unverletzbarkeit oder Überlegenheit. Oft ist das kompensierende Muster über das Muster gelagert, das

das Trauma ausdrückt. Ein aufgesetztes, starres Lächeln mag, wenn es sich löst, einen chronischen Ausdruck von Sorge und Verlust enthüllen. Eine ausladende, aufgeplusterte Haltung mag eine zusammengesunkene, beschämte Haltung kaschieren. Die kompensierenden Muster können zu starren, unbewussten Formen in unserem Körper werden oder auch fließender sein: Muster, in die wir uns unbewusst begeben, wenn wir uns auf ähnliche Weise bedroht fühlen wie in unserer Kindheit.

Die Blockaden, die im Körper erstarren, bergen die Erinnerung, das Alter und die Gefühle, die zu der traumatischen Situation gehören. Ich arbeitete mit einer Frau, die, um eine Kindheit zu überstehen, in der sie schwer vernachlässigt wurde, Solarplexus, Brustraum und Kopf zusammengezogen hatte. Als sie anfing, diese Blockaden in ihrem Körper zu erkennen und zu lösen, erinnerte sie sich daran, wie sie sich als kleines Kind wirklich gefühlt hatte, an die emotionale Kälte und den Eindruck von Leblosigkeit, der das Haus durchzog, an das Gewicht der Depression ihrer auf dem Bett liegenden Mutter, an die Bedrohung durch die Trunkenheit ihres Vaters, der sich in die Küche zurückgezogen hatte. Sie spürte die geistige Orientierungslosigkeit, Sehnsucht, Verlassenheit und Angst, die sie als Kind unterdrückt hatte. Diese Gefühle hätte sie als Kind nicht aushalten können, sie hätten möglicherweise sogar ihre geistige Gesundheit gefährdet. Jetzt, als Erwachsene, war sie in der Lage, sie gleichzeitig zu beobachten und zu fühlen. Sie konnte den Gefühlen erlauben, in ihrem erwachsenen Bewusstsein aufzutauchen, ohne dass sie sie überwältigten und sie dann aus ihrem Körper entlassen.

Da wir dazu neigen, dieselben schützenden Muster wieder aufzugreifen, wenn wir einander ähnelnde Traumata erleiden, enthalten die meisten unserer Haltemuster Schichten verschiedener Erinnerungen, Gefühle und Lebensalter. So kann das Muster eines chronisch zusammengezogenen Nackens eine Reaktion darauf sein, gegen den eigenen Willen gefüttert zu werden, aber auch durch die erstickende Zuneigung eines Elternteils hervorgerufen werden. Beide Beziehungserinnerungen können im Prozess des Erkennens und Lösens des Musters auftauchen.

Auch wenn die ursprünglichen Traumata und Haltemuster jetzt in starre, statische Bereiche des Körpers übergegangen sind, enthalten sie die spezifische Bewegung, die in die Blockade hineingeführt hat. Wie wir sehen werden, ist dies für den Prozess der Lösung wichtig.

Unsere statischen Abwehrmuster fragmentieren die Wahrnehmung unserer selbst und unserer Umgebung. Laut Neurowissenschaftlern, wie etwa Joseph LeDoux, verursachen Traumata eine Spaltung zwischen den kognitiven und den affektiven Funktionen des Gehirns, genauer gesagt zwischen der Amygdala/Hippocampus Schleife, die Emotionen vermittelt, und dem ventromedialen präfrontalen Cortex, der emotionale Erfahrung reguliert und ihr Sinn verleiht.[5]

Psychologen, wie zum Beispiel Elisabeth Howell in ihrem Buch „The Dissociative Mind", beschreiben die Auswirkungen von Beziehungstraumata als Abspaltung eines Teils der Persönlichkeit von anderen Teilen und allgemeine Taubheit, also das Gefühl, nicht ganz real zu sein.[6] Sie sagen, dass die Unfähigkeit, eine traumatische Erfahrung zu akzeptieren oder ganz zu erfassen, dissoziative Muster hervorbringt, die ein subjektives Gefühl von Ganzheit verhindern.

Wenn wir den Körper in unser Verständnis von Trauma einbeziehen, sehen wir, dass das subjektive Gefühl von Ganzheit nicht ein lediglich mentales Phänomen ist. Es basiert auf unmittelbarem Kontakt mit dem gesamten Innenraum des eigenen Körpers. Unsere psychologischen Haltemuster verengen oder fragmentieren unsere Fähigkeit, unseren Körper zu bewohnen, so dass wir uns nicht als ganz wahrnehmen können. Dies führt zu dem Gefühl von Taubheit beziehungsweise dem Eindruck, nicht ganz anwesend oder real zu sein.

Wir kompensieren diesen Mangel in der Wahrnehmung mit abstrakten Ideen über uns selbst. Das wird dann oft „im Kopf sein" genannt. Für gewöhnlich halten uns aber die Blockaden im Körper auch davon ab, unseren ganzen Kopf beziehungsweise unser ganzes Gehirn zu bewohnen. Wir sind also gar nicht in unserem Kopf, sondern in unseren Vorstellungen. Wir gehen durchs Leben, indem wir etwas über uns *denken* anstatt uns *wahrzunehmen*. Wir denken vielleicht: „Ich bin Lehrer", „Ich bin ein großzügiger Mensch" oder: „Ich bin ein wertloser Mensch". Diese Meinungen verändern sich unseren Umständen entsprechend und insbesondere im Zusammenhang mit unseren Vorstellungen darüber, wie andere

Menschen auf uns reagieren. So mögen wir unter gewissen Umständen denken: „Ich bin ein intelligenter, überlegener Mensch" und unter anderen Umständen: „Ich bin ein Idiot". Oder aber wir definieren uns über unsere Vorlieben, unsere Kultur oder unseren Beruf.

Wenn wir den Körper bewohnen können, wird unser abstraktes Selbstgefühl durch eine unmittelbare Selbstwahrnehmung ersetzt, durch die Wahrnehmung der essenziellen Qualitäten unseres Seins. Man könnte sagen, es ist ein qualitatives Selbstempfinden anstelle eines narrativen. Die Qualitäten unseres Seins – das unmittelbare Gefühl für unsere Intelligenz, Liebe, Kraft und Geschlechtlichkeit – sind immer im Körper vorhanden. Wenn wir diese Qualitäten wahrnehmen, fühlen wir uns real.

Wie viele Selbste?

Das Konzept der multiplen Selbste ist in jüngster Zeit auf dem Gebiet der Psychologie bekannt geworden. So schreibt Howell beispielsweise, dass wir uns in Reaktion auf verschiedene Situationen gewöhnlich in unterschiedliche, relativ festgelegte Verhaltensweisen fragmentieren.[7] Wir können beispielsweise bescheiden und schüchtern in Bezug auf Autoritätspersonen sein, jedoch herrisch und fordernd in intimen Beziehungen. Diese unterschiedlichen „Selbstzustände", wie Howell sie nennt, bilden zusammen unsere konstruierte Persönlichkeit.

Sind diese Aspekte unserer Persönlichkeit starr voneinander abgetrennt, sprechen Psychologen von einer dissoziativen Störung. Als Normalzustand der menschlichen Psyche hingegen gilt, ein übergreifendes Gesamtgefühl für unsere Persönlichkeit zu haben und fließend von einem Selbstzustand in einen anderen wechseln zu können. Anders ausgedrückt besteht psychische Gesundheit in tendenzieller Harmonie zwischen unseren verschiedenen Selbstzuständen anstatt starrer Fragmentierung.

Wenn wir unseren Körper bewohnen, können wir unser Verhalten aus einer einheitlichen Perspektive betrachten. Unser Verhalten und unsere Reaktionen auf verschiedene Menschen oder Situationen werden zwar weiterhin unterschiedlich ausfallen, aber diese vorübergehenden Variationen werden sich nicht auf die darunterliegende Beständigkeit unseres einheitlichen, authentischen Selbstgefühls auswirken. Mit anderen Worten: wir verstehen uns immer als Ganzes, auch wenn wir gerade nur einen kleinen Bruchteil unserer Persönlichkeit zum Ausdruck bringen. Ich glaube allerdings, dass psychische Gesundheit noch weiter reicht als bis zur Harmonie zwischen Selbstzuständen, sie strebt auf einen verkörperten, einheitlichen und qualitativen Kontakt zu uns selbst zu.

Trauma und der Realization Process

Alle Übungen des Realization Process fördern die Fähigkeit, den eigenen Körper als Ganzes zu bewohnen. Dadurch findet eine Heilung der Spaltung zwischen kognitiven Fähigkeiten und emotionalen Erfahrungen statt. Wir können dann die Bedeutung unserer frühen Traumata und der schmerzhaften Ereignisse in unserem heutigen Leben besser verstehen. Wir können außerdem als unser gesamtes Selbst die Welt beobachten, wahrnehmen, uns in ihr ausdrücken und handeln.

Durch das Bewohnen des Körpers entwickelt sich ein Gefühl der Souveränität und der Eindruck, dass in uns „jemand zu Hause" ist. Anfangs mag es herausfordernd sein, im eigenen Körper präsent zu sein, insbesondere wenn wir als Kinder versucht haben, uns unsichtbar zu machen, um einem wütenden oder missbräuchlichen Elternteil aus dem Weg zu gehen. Aber wenn wir in der Lage sind, in unserem Körper zu leben, erleben wir das als viel sicherer, als wenn wir nicht dort wären. Das Bewohnen des Körpers erzeugt ein inneres Empfinden von Volumen, also davon, Raum einzunehmen. Dies verleiht dem Selbstgefühl Gewicht und Substanz und stärkt uns – selbst in schwierigen Situationen mit anderen Menschen. Das innere Gespür für Volumen fungiert auch als eine Art Puffer gegen aufreibende Reize. Einige Menschen berichten, sich weniger so zu fühlen, als ob das Leben direkt auf sie einprasselt. Sie fühlen sich weniger „dünnhäutig", weniger empfindlich gegenüber den Reizen aus der Umgebung.

Auf diese Weise schafft die Wahrnehmung von innerem Volumen und einem belebten Innenraum eine gefühlte Abgrenzung zwischen Ich und Nicht-Ich. Diese Abgrenzung basiert auf der natürlichen inneren Kohärenz, die entsteht, wenn wir essenzielles, den ganzen Körper durchziehendes Bewusstsein realisieren. Wir brauchen es nicht zu beschützen oder zu verstärken. Wenn wir das Leben aus dem Inneren des Körpers heraus wahrnehmen anstatt von seiner Oberfläche aus, stellen wir fest, dass wir in unserer schützenden Wachsamkeit gegenüber der Welt um uns herum nachlassen können.

Wie ich im letzten Kapitel erklärt habe, dient die Übung der Einstimmung auf essenzielles Bewusstsein im Realization Process (Übung 1, Seite 47) auch dazu, sich auf die essenziellen Qualitäten im Körper einzustimmen. Diese Übung ist besonders hilfreich für Menschen mit negativen Vorstellungen über sich, die auf traumatische Verletzungen aus der Kindheit oder erst kürzlich erlittene Angriffe, wie etwa eine Vergewaltigung, zurückzuführen sind. Menschen beispielsweise, die als Kinder sexuell missbraucht wurden, empfinden oftmals Scham bezüglich dieser Übergriffe, obschon sie ja deren Opfer waren. Einige Menschen, die als Kinder missbraucht wurden, haben sich mir gegenüber als „Müll" oder als „kaputtes Ding" bezeichnet. Die jeweiligen Qualitäten der eigenen Lebendigkeit wahrzunehmen kann dabei helfen, diese negativen Glaubenssätze aufzugeben. Liebe im Brustraum wahrzunehmen, selbst wenn wir allein sind, macht es schwer, weiterhin Hass für uns selbst zu empfinden. Die unmittelbare Qualität der eigenen Intelligenz zu spüren erschwert es, weiterhin zu denken, dass wir dumm sind oder dass uns der Verstand anderer Menschen überfordert. Das Erleben der Qualität von Kraft im eigenen Körper trägt viel zur Heilung der Scham und Verletzlichkeit bei, die wir aus der Erfahrung, in der Kindheit überwältigt worden zu sein, noch in uns tragen. Eine Frau, die in ihrer Kindheit sexuell missbraucht worden war, erzählte mir, dass sie sich nach einiger Zeit des Übens innerlich „süß" fühlte. Das Empfinden der ihr innewohnenden Süße half ihr dabei, den Glauben an ihren eigenen Wert zu entwickeln und letztendlich ihr Muster, missbräuchliche Partner anzuziehen, zu durchbrechen. Es half ihr auch dabei, Mitgefühl mit sich selbst zu haben und zu erkennen, dass ihr selbstzerstörerisches Verhalten aus der Verletzung herrührte, die ihr zugefügt worden war.

Die Übung zum Atem entlang der Mittellinie (Übung 2, Seite 53) kann dabei helfen, unser Gefühl von Sicherheit zu bestärken. Aus der Mitte des Körpers heraus nehmen wir unsere Umgebung aus einer tieferen Perspektive wahr. Viele Menschen, die als Kinder traumatisiert wurden und als Erwachsene ziemlich massive Dissoziationen erleben, haben eine diffuse energetische Qualität. Ihre Energie scheint auszulaufen und sich im Raum um sie herum aufzulösen. Sie wirken zu unverbunden, so als ob das Zentrum ihres Seins sich aufgelöst habe, oder als ob sie sich selbst verlassen und versucht hätten, in die Atmosphäre zu verschwinden. Dieses sich Verflüchtigen gehört zu den häufigsten Abwehrmechanismen, die Kinder entwickeln, wenn sie körperlich und/oder sexuell angegriffen werden. Wenn es sich wiederholt, wird dieses Abwehrmuster mit der Zeit zu einer Seinsweise. Wie wir in späteren Kapiteln dieses Buches sehen werden, kann es vorkommen, dass ein besonders sensibles oder offenes Kind auf diese Weise auf das Umfeld seiner Kindheit reagiert, selbst wenn es nicht schwer missbraucht wurde.

Die Übung des Atmens entlang der Mittellinie kann dazu beitragen, sich im innersten Zentrum des eigenen Seins gesammelt und sicher zu fühlen, so dass wir im gesamten Körper präsent sind. Die subtile Körpermitte ist unsere Eingangspforte in die Einheit des essenziellen Bewusstseins, es ist aber auch der tiefste Kontakt, den wir zu unserem individuellen Selbst haben können. Indem wir innerhalb der subtilen Körpermitte leben, können wir intime Verbundenheit mit anderen Menschen erleben, ohne uns von ihnen überwältigt oder gar vernichtet zu fühlen.

Übungen zum Erkennen und Lösen von Mustern

Der Realization Process arbeitet ganz direkt mit den Haltemustern im Körper, um sie zu erkennen und zu lösen. Durch die Verknüpfungen zwischen Geist, Energiesystem und Körpergewebe können wir jeden Aspekt unseres Seins, wie Wahrnehmungen, emotionale Empfindungen oder Verständnisfähigkeit, miteinander verbinden. Die Haltemuster können sich tief im Körper befinden, unsichtbar für Außenstehende und auch abgeschnitten von unserem eigenen Bewusstsein. Sie können nur durch feinfühlige Einstimmung auf den Innenraum des Körpers aufgedeckt werden.

Selbst die rigidesten dieser Muster sind eingefrorene Bewegungsmomente. Sie enthalten sowohl die wiederholte Bewegung in das Muster hinein, bevor sie sich in eine statische Form verfestigte, als auch den umgekehrten Weg in die Lösung. Wenn wir über die Ereignisse sprechen, die sie einst hervorgerufen haben, geraten die Muster in Bewegung und intensivieren sich. Als sehr aufmerksamer Zuhörer kann man diesen „Schleiertanz“ beobachten, wenn jemand über seine Kindheit spricht. Die Bewegungen können ziemlich subtil sein und bloß im Innenraum des Körpers stattfinden, während sich die Oberfläche des Körpers nicht direkt bewegt. Ein leichtes Einziehen der Brust ist vielleicht kaum sichtbar, schränkt aber dennoch die emotionale Empfindungsfähigkeit ein. Ein leichtes Einziehen einer Kopfseite mag einst eine Reaktion auf einen verbalen oder körperlichen Übergriff gewesen sein. Im Realization Process ausgebildete Therapeuten stimmen sich auf den Raum ein, der sowohl ihren eigenen als auch den Körper des Klienten durchzieht, so dass sie Haltemuster und subtile Bewegungen im Körperinneren bemerken können.

Eine Möglichkeit, wie der Realization Process dazu beitragen kann, Haltemuster zu lösen besteht darin, das Muster von der subtilen Körpermitte aus aufzusuchen. Dazu richten wir die Aufmerksamkeit auf unser Kopfzentrum (das Zentrum des Kopfinnenraums zwischen den Ohren) und von dort aus auf die Gegend im Körper, in der Anspannung herrscht. Das Haltemuster vom Kopfzentrum aus aufzuspüren ist hilfreich, um in die subtile Tiefe der Spannung vorzudringen. Dann konzentrieren wir uns auf die Spannung und atmen im Inneren des Kopfzentrums. Während wir das tun, gibt es für gewöhnlich eine spontane Bewegung in der Anspannung, entweder auf eine Intensivierung des Haltemusters zu, oder auf dessen Lösung. Wir machen innerhalb der Blockade keine willentliche Bewegung, sondern konzentrieren uns in ihr und lassen so zu, dass sie sich von sich aus bewegt.

Wenn sich das Muster auf eine Intensivierung zu bewegt, wird oft deutlich, was es ausdrückt oder auf was es einst eine Reaktion war. Auch die Erinnerung an das für das Haltemuster ursächliche Ereignis (oder auch mehrere Ereignisse) kann auftauchen, sowie die enthaltene emotionale Ladung und selbst die zu dem Alter (oder den verschiedenen

Lebensaltern) gehörenden Eigenschaften, in dem wir uns in dieses Muster hinein bewegt haben. Vielleicht finden wir sogar zu der Bewegung passende kindliche Gedanken vor.

Wenn sich das Muster so weit wie möglich in die Blockade hinein bewegt hat, bewegt es sich spontan in Richtung Lösung. Mit etwas Übung wird die schützende Bewegung zunehmend flüssiger und bewusster, bis sie sich allmählich komplett löst. Das ist ein sehr subtiler Vorgang. Die Bewegung oder schützende Geste geschieht nicht willentlich. Vielmehr beobachten wir innerlich, wie dieser Anteil unserer selbst – unseres Körpers, Herzens und Geistes – seinem unmittelbaren Weg in die Blockade und in die Lösung folgt.

Es ist wichtig, den inneren Raum des Körpers, der nun durch das Loslassen des Haltemusters frei geworden ist, zu bewohnen und dieses neue innere Territorium zu beanspruchen. Die Übung zum Bewohnen des Körpers kann dementsprechend dazu beitragen, die Befreiung von dem Muster aufrechtzuhalten.

Eine weitere Übung des Realization Process, die in Kapitel 7 ausführlicher erklärt wird, kann uns helfen zu erkennen, welchen Bezug zu wichtigen Menschen aus unserer Kindheit unsere Blockaden haben. In dieser Übung stellen wir uns vor, ein Elternteil vor uns zu haben. Dann spüren wir, wie wir unseren ganzen Körper bewohnen und dass der Raum, der unseren Körper durchzieht, ebenso dieses vorgestellte Bild durchzieht. Wir bringen unsere Aufmerksamkeit in den Raum, der den Kopf unseres Elternteils durchzieht und achten darauf, ob wir in unserem eigenen Körper irgendwelche Veränderungen bemerken. Dann bringen wir unsere Aufmerksamkeit zu dem Raum, der den Hals, den Brustraum, die Körpermitte und das Becken unseres Elternteils durchzieht, und achten auch hier jedes Mal darauf, welche Veränderungen in unserem eigenen Körper spürbar sind. Diese Übung kann aufdecken, auf welche Weise wir uns vor unseren Eltern geschützt haben, und ebenso, wie wir sie gespiegelt haben. Sie kann uns auch helfen, die starken Bande der Liebe zwischen uns und unseren Eltern zu fühlen.

Diese Übung bietet eine wirkungsvolle Grundlage zum Verständnis unserer frühen Beziehungen, und auch dafür, für uns selbst und unsere

Eltern Mitgefühl zu entwickeln. Ich arbeitete einmal mit einer Frau, deren Vater niemals Liebe für sie zum Ausdruck gebracht hatte. Sie war sowohl bitterlich wütend auf ihn als auch sehr kritisch sich selbst gegenüber und lebte in dem Gefühl, in irgendeiner Weise makelbehaftet und nicht liebenswert zu sein. Als sie sich allerdings auf den Raum einstimmte, der ihre Vorstellung vom Brustraum ihres Vaters durchzog, konnte sie spüren, wie beengt dieser war, und sie konnte sogar das verletzte Kind fühlen, das er einmal gewesen war. Da verstand sie, dass er sein Bestes getan hatte, um sie zu lieben, und dass nichts an ihr falsch war. Sie konnte sowohl ihm als auch sich selbst die Begrenztheit ihrer Beziehung verzeihen und Liebe für ihn empfinden, ohne dass er dafür anders hätte sein müssen, als es er nun einmal war.

Völlige Freiheit von diesen auf Traumata beruhenden Blockaden im Körper wäre ideal, aber um den Innenraum unseres Körpers zu bewohnen, müssen wir nicht vollkommen frei sein. Wenn sich die wesentlichen Haltemuster im Körper lösen, können wir innerlichen Kontakt zu uns selbst aufnehmen. Lange bevor wir all unsere Haltemuster gelöst haben, sofern uns das überhaupt je gelingen sollte, sind wir in unserem ganzen Körper bereits offen genug, um unsere essenzielle Identität freizulegen: subtiles, essenzielles Bewusstsein, das unser Innen und unser Außen als Ganzes durchzieht. Als diese essenzielle Transparenz wird es zunehmend einfacher, die Haltemuster im Körper zu erkennen und zu lösen, was uns wiederum gestattet, noch offener im ganzen Körper zu werden. Auch nachdem unsere Realisation von innerer und äußerer Einheit stabil geworden ist, können wir uns also immer weiter in die geräumige Weite essenziellen Bewusstseins hinein öffnen.

Übung 8 Blockaden von der subtilen Körpermitte aus lösen

Richten Sie Ihre Aufmerksamkeit auf einen Bereich Ihres Körpers, in dem Sie Anspannung spüren.

Richten Sie Ihre Aufmerksamkeit auf das Zentrum Ihres Kopfes.

Bringen Sie Ihren Fokus von dort aus tief in die Spannung in Ihrem Körper hinein.

Halten Sie Ihren Fokus hier und atmen Sie normal durch die Nase. Öffnen Sie sich für jegliche Gefühle, Gedanken, Erinnerungen oder Bilder, die aufsteigen, während Sie das tun.

Stimmen Sie sich auf die emotionale Färbung der Spannung ein. Versuchen Sie zu fühlen, ob ein Gefühl in der Spannung enthalten ist, und wenn ja welches. Wie alt fühlen Sie sich, während Sie diese emotionale Färbung wahrnehmen? Falls Sie sich an sich selbst zu einem bestimmten Zeitpunkt in der Vergangenheit erinnern, was geschieht in der Erinnerung um Sie herum?

Sie können sich auch auf die Spannung einstimmen, indem Sie die spontane Bewegung in die zusammengezogene Position hinein miterleben. Mit anderen Worten, Sie nehmen genau wahr, wie Sie sich bewegt haben, um diesen Teil Ihres Körpers zu verschließen. Dies ist aber keine willentliche Bewegung, sondern die Beobachtung einer spontanen Bewegung in Ihrem Körper.

Während Sie das tun, können Sie vielleicht auch spüren, was die Bewegung ausdrückt, was Sie darin zurückhalten oder wovor Sie sich damit schützen. Lassen Sie dann los und gestatten Sie der Blockade, sich zu lösen. Wiederholen Sie diese Bewegung in die Blockade und in die Lösung mehrmals. Die Lösung wird nach und nach geschehen. Mit der Wiederholung der Übung wird die Bewegung in die Blockade hinein flüssiger und bewusster werden. Schließlich wird sie sich vollständig lösen.

Teil II

Spirituelle Sensibilität

Kapitel 4

Dünne Haut: Die Herausforderung, Resilienz zu entwickeln

Die meisten Menschen bringen mir zur ersten Sitzung keine Geschenke mit. Anders Eva. Sie streckte ihre Hand durch die Tür, bevor sie eintrat, so dass ich das Geschenk noch vor ihr selbst zu sehen bekam. Es handelte sich um einen Strauß stachliger, gelber, in weißes Seidenpapier eingeschlagener Strohblumen. Eva kam kurz darauf hinterher – eine große, hagere Frau mit kohlschwarzem Haar und wachsamen, doch zurückhaltenden blauen Augen. Als sie mir den Strauß überreichte, brach der Kopf einer der Blumen ab und hing schief von seinem Stängel. Eva blickte mich beklommen an.

Ich platzierte die Blumen vorsichtig auf einem Abstelltisch und lud sie ein, sich auf die Couch gegenüber meines Stuhls zu setzen. Ihr Misstrauen schien ein wenig abzuklingen als sie sich setzte und mir einen langen Moment direkt ins Gesicht sah. Sie schien mich nicht zu beobachten, sondern eher auf etwas zu lauschen, so als ob sie in der Stille etwas über meine guten und schlechten Eigenschaften in Erfahrung bringen könne. Als sie schließlich anfing zu sprechen, war ich über die schüchterne Höflichkeit in ihrer Stimme überrascht. „Würde es Ihnen viel ausmachen, wenn ich mich hier herüber setze?“ fragte sie, auf einen anderen Stuhl zusteuernd. Als sie Platz genommen und ich meinen Stuhl in ihre Richtung gedreht hatte, erklärte sie entschuldigend: „Ich kann jetzt gerade einfach nicht auf dieses Gemälde schauen." An der Wand hinter meinen Stuhl befand sich ein abstraktes Bild in leuchtenden Farben und mit viel Bewegung darin.

Nun schloss Eva ihre Augen und saß für lange Zeit regungslos da. Sie schien sich auf ihren Atem zu konzentrieren oder sich sogar willentlich um das Atmen zu bemühen. Ich wartete auf irgendein Zeichen, dass sie bereit war, anzufangen, bis ich schließlich befürchtete, dass wir die ganze Stunde auf diese Weise verbringen würden. „Eva", sagte ich sanft, „was wünschen Sie sich von dieser Sitzung?"

Sie öffnete langsam ihre Augen und begegnete meinem Blick, noch immer im gleichen, vorsätzlichen Rhythmus atmend. Einen Moment lang war mir eine klare Sicht durch den blauen Schimmer ihrer Augen hindurch gestattet. Dann wurde ich abrupt ausgesperrt; ihre Augen verwandelten sich in flache Scheiben. Ich sah jetzt, dass die Oberfläche ihres ganzen Körpers straff gespannt zu sein schien, als ob eine dünne Schicht aus brüchigem, mattem Lack darüber läge.

„Ich bin bei so vielen Therapeuten gewesen", sagte sie, meine Berufsbezeichnung widerwillig aussprechend. „Ich weiß alles über meinen kritischen Vater und meine bedürftige Mutter. Das hilft mir aber nicht, hat mir ganz und gar nicht geholfen. Ich fühle mich noch immer überfordert. Ich kann noch immer nicht die Straße entlang laufen und mich dabei wie ein normaler Mensch fühlen, kann keine Schlagzeile in der Zeitung lesen, ohne – Sie wissen schon." Mit einem Mal füllten sich ihre Augen randvoll mit den Tränen irgendeiner schmerzhaften Erinnerung. „Ich kann den Lärm der Autos draußen vor meinem Haus nicht ertragen, oder das Summen meines Computers, oder das schrille Geräusch der Heizung in meinem Zimmer, wenn ich versuche, mich zu konzentrieren." Ihre Worte endeten abrupt, als ob sie sich keinerlei Hoffnung mache, dass ich sie verstehen könnte. Sie blickte aus dem Fenster auf der gegenüberliegenden Seite des Zimmers. Sie schien auf die Straße hinauszudriften und ihre starre, entleerte Gestalt zum Schutz zusammengefaltet auf dem Stuhl zurückzulassen. Ich hatte das Gefühl, dass sie da draußen zwischen den Bäumen Trost fand.

Als könne sie meine Gedanken lesen sagte sie: „Ich fühle mich nur real, wenn ich in der Natur bin. Es ist, als ob ich die Bäume sprechen hören kann … Also, nicht mit Worten." Eva unterbrach sich und lauschte gespannt auf meine Reaktion in die Stille. „Sie werden wahrscheinlich denken, dass ich verrückt bin, aber ich glaube nicht, dass ich es bin. Ich kann das Leben im Inneren der Bäume spüren. Es ist wie eine Stimme. Ich schätze, es ist die einzige Stimme, die mir sanft genug ist." Mit diesen Worten gelang es ihr, ihre lackartige Oberfläche zu verfestigen und so still und unnahbar zu werden wie eine Statue, während sie mich der rauen, unnatürlichen Welt der Menschenwesen überließ.

Wir saßen eine Weile in der Stille. Ich entspannte den Anflug von Ängstlichkeit, der sich in meinem Brustraum angestaut hatte, und fühlte, wie sich zeitgleich auch Eva entspannte. Auf einmal wurde ich mir des Surrens der *white noise machine* draußen vor meinem Büro gewahr und ging hinaus, um sie auszuschalten. Als ich auf meinen Stuhl zurückkehrte, war auch Eva mit ihrer Präsenz wieder in den Raum zurückgekehrt.

„Was ich mir von der Sitzung wünsche, ist, als ich selbst in der Welt leben zu können", sagte sie.

Sensorische Sensibilität

Spirituell sensible Menschen sind oft von frühester Kindheit an besonders fein auf die Welt um sie herum eingestimmt. Sensorische Reize, wie Farben, Geräusche oder Gerüche, üben einen ungewöhnlich intensiven Einfluss auf sie aus.

Auch wenn diese Sensibilität eine Quelle von Genuss ist, kann sie extremes Unbehagen verursachen. Sensible Menschen haben oft nur eine geringe Toleranz gegenüber stärkeren Reizen. Sie haben das Gefühl, dass das Leben direkt auf sie einprasselt und sie keine Distanz oder Grenze zwischen sich und ihrer Umgebung schaffen können. Oft beschreiben sie sich als irgendwie „zarter" als andere Leute. Sie fühlen sich, als ob sie nicht genug eigene Substanz hätten, um den rauen Kräften um sie herum etwas entgegenzusetzen. Sie können sich von einem lauten Geräusch oder einer leuchtenden Farbe aus der Bahn geworfen fühlen, oder auch von der Anwesenheit einer anderen Person. Die Geräusche einer Straße in der Stadt, der Tonfall der Stimmen anderer Menschen und selbst das angeblich weiße Rauschen* der diversen Motoren in ihren Haushaltsgeräten kann ihre Fähigkeit stören, ihr eigenes Innenleben, ihre eigenen Gedanken und Gefühle wahrzunehmen.

Menschen mit außergewöhnlicher sensorischer Sensibilität wühlt eine Umgebung mit vielen Reizen, die andere problemlos aushalten, oft auf. Eine Party oder ein aufregender Film kann sie tagelang durcheinander bringen. Ihnen fallen vielleicht kleine Nuancen im Gesichtsausdruck oder im Klang der Stimme anderer Menschen auf. „Einfach nur jemanden ‚Hallo' sagen zu hören", erzählte mir einmal ein Freund, „ist wie eine Symphonie, die von einem ganzen Orchester gespielt wird." Auf diese Weise kann Sensibilität einen Effekt erzeugen, der einem Trauma ähnelt, nämlich die Überwältigung des Nervensystems. Viele sensible Menschen leben in einem chronischen Zustand der Reizüberflutung. Das bedeutet, dass sie sich so gut wie nie ganz entspannen. Sie sind permanent zu einem gewissen Maße „gereizt".

Es kann vorkommen, dass sie es vermeiden, enge Beziehungen einzugehen, um sich nicht durch andere ihrer Existenz beraubt zu fühlen. Oder sie geben im Kontakt mit anderen die innere Verbindung zu ihren eigenen Gefühlen, Gedanken, Wünschen und Bedürfnissen auf. Ihre Beziehungen sind oft voller Konflikte zwischen dem Bedürfnis nach Intimität und dem Bedürfnis, sich selbst zu verstehen und auszudrücken.

Aber Sensibilität, also die Fähigkeit, tief in andere Menschen und Dinge zu blicken und sich von ihnen berühren zu lassen, ist gleichbedeutend mit der Fähigkeit zu Kontakt und Intimität. Das kann ein frustrierendes Dilemma für sensible Menschen sein. Je größer ihre Kontaktfähigkeit zu der sie umgebenden Welt ist, desto weniger Toleranz haben sie meist für die mit dem Kontakt einhergehende Stimulation.

Mit extrem sensiblen Menschen Beziehungen zu führen kann sehr herausfordernd sein. Zum Beispiel kann es so wirken, als ob sie auf Zuneigung nicht reagieren, wenn sie sich in Wirklichkeit gerade gegen Reizüberflutung schützen. Man muss sich ihnen womöglich langsamer und vorsichtiger nähern als anderen Menschen, insbesondere, wenn man sexuelle Intimität mit ihnen anbahnen möchte. Kürzlich beschwerte sich eine Frau bei mir darüber, dass ihr Mann einfach nach ihrer Brust greife, wenn er mit ihr intim sein wolle. Ihr Mann war bestürzt über diese Beschwerde und wendete ein, dass es den meisten Frauen doch gefiele, an den Brüsten berührt zu werden. Doch er erfuhr, dass es ihr intensives Vergnügen bereitete, wenn er sie zunächst nur leicht und sanft berührte.

Forschung

In ihrer Forschung zu hochsensiblen Menschen fand die Psychologin Elaine Aron heraus, dass 15 bis 20 Prozent der von ihr befragten Population sich selbst als extrem sensibel beschrieben. Sensibilität ist Aron zufolge die Fähigkeit, mehr als andere Menschen wahrzunehmen und die Informationen tiefer zu reflektieren.[8]

Abgesehen von Aron wird das Phänomen in der aktuellen Literatur zu Sensibilität vor allem als Problem diskutiert, als eine Störung des Nervensystems. Ein bekannter Forschungsschwerpunkt zu Sensibilität, der in Carol Kranowitz' Buch *The Out-of-Sync Child* hervorgehoben wird, basiert auf der Arbeit von Dr. A. Jean Ayres. Darin werden einige der Schwierigkeiten, denen sich sensible Menschen gegenüber sehen, als „sensorische Verarbeitungsstörung" oder „sensorische Integrationsstörung"[9] beschrieben. Während viele sensible Menschen an den gleichen Resultaten von Reizüberflutung leiden, mit denen auch auf Wahrnehmungsverarbeitung spezialisierte Therapeuten zu tun haben (wie etwa leichte Ablenkbarkeit oder Desorientierung und Abneigung gegen laute Geräusche oder „kratzige" Kleidungsstoffe), ist die Sensibilität, die ich beschreibe, an sich keine Störung. Sie ist eine Gabe, ein Merkmal von spirituellem Potenzial. Entgegen der Reihe von Symptomen, die in der Literatur zu sensorischer Verarbeitung aufgeführt sind, sind Menschen mit dieser Gabe für gewöhnlich gut koordiniert und sehr kompetent.

Traditionelle Psychologen interpretieren extreme Sensibilität, die daraus resultierende Tendenz zur sozialen Isolation und den schwachen Kontakt zum eigenen Innenleben manchmal als Anzeichen für frühe und/oder schwere psychische Verletzungen. Zum größten Teil leiden diese sensiblen Menschen jedoch nicht an den Symptomen, die für schwere psychische Störungen typisch sind. So sind sie zum Beispiel oft besonders empathisch, kümmern sich selbstlos um andere und haben viel Verständnis und Toleranz für Widersprüchlichkeiten im Verhalten ihrer Mitmenschen. Oftmals bringen sie tiefe, authentische Gefühle und komplexe, abstrakte Gedankengänge zum Ausdruck.

Die Feinheiten der Natur

Meiner Erfahrung nach haben sensible Menschen zusätzlich zu ihrer Fähigkeit, mehr von ihrer Umgebung wahrzunehmen, manchmal auch Zugang zu einem subtilen Bereich der Wahrnehmung, der nicht von der tatsächlichen Schärfe der Sinne abhängt, wie etwa von normaler Sehstärke. Die Sinne werden mit zunehmender spiritueller Reife immer feiner und „transpersonaler". Der weithin verehrte indische Weise Ramakrishna zum Beispiel verfügte über einen derart verfeinerten Tastsinn, dass er aufschrie, als er sah, wie eine Kuh geschlagen wurde, denn er konnte den Schmerz des Tieres tatsächlich fühlen, anstatt ihn sich lediglich vorzustellen.

Menschen mit erhöhter Sensibilität können sensorischer Phänomene in einem subtilen Bereich bemerken, die man als „schwingend" beschreiben kann. Sie können etwa das Licht oder die Farben sehen, die Menschen, Tiere und Pflanzen ausstrahlen, oder das feine Summen der Energiefelder in der sie umgebenden Luft hören. Manche können die Lebenskraft, die sich durch einen Baum oder eine Pflanze bewegt, fühlen, wenn sie ihre Hände darauf legen, oder diese Bewegung sogar ohne körperliche Berührung spüren. Andere können körperlichen Schmerz, Spannungen oder bestimmte Gefühle im Körper einer anderen Person empfinden. Sie können die Schwingungen der Gefühle und Absichten der Menschen spüren, selbst wenn diese ihrem Gesichtsausdruck oder dem Klang ihrer Stimme zuwiderlaufen. Manche verfügen über außersinnliche Wahrnehmung, also die Fähigkeit, Information auf Wegen zu übermitteln und zu empfangen, die komplett unabhängig vom üblichen Gebrauch der Sinne zu sein scheinen. Ich habe mit einem Körpertherapeuten gearbeitet, der in der Lage war, die Worte meiner Gedanken zu hören und sie mir Wort für Wort wiederzugeben. Diese reiche und manchmal widersprüchliche sensorische und emotionale Welt kann überfordernd und verwirrend sein, besonders für ein Kind. Außerdem kann sie das Kind von seiner Familie und seinen Altersgenossen entfremden, die dessen Wahrnehmungen sonderbar oder sogar bedrohlich finden.

In diesen subtilen Bereich der Wahrnehmung fallen auch innere Visionen, die für gewöhnlich in der Stirn oder direkt vor der Stirn gesehen werden. Dabei kann es sich um geometrische Formen handeln, wie konzentrische Kreise oder Dreiecke, Gesichter, Figuren, Bilder von zukünftigen Ereignissen oder auch Informationen über andere Menschen. Anders als Halluzinationen sind diese sensorischen Erfahrungen kein Produkt der Einbildung und auch nicht Ausdruck oder Abbild der Kindheitstraumata des Sehenden. Sensible Menschen sehen, hören und spüren Reize, die tatsächlich als subtile Aspekte der Natur vorhanden sind.

Manche sensible Menschen finden ihre subtilen sensorischen Erfahrungen erschreckend oder verwirrend, insbesondere, wenn sie plötzlich auftreten. Ich habe einmal mit einer Frau gearbeitet, die anfing, Licht in der Luft zu sehen. Bis sie sich an das neue Ausmaß ihrer Sensibilität gewöhnt hatte, verwirrte sie dieses Licht so sehr, dass sie monatelang versuchte, es mit den Händen wegzuschlagen.

Sensibler werden

Auch wenn Sensibilität Unannehmlichkeiten verursachen kann, ist sie doch ein Zugang zur spirituellen Dimension des Lebens. Sensible Menschen versuchen mitunter, sich fester oder dichter zu machen und sich vor dem Ansturm an Reizen in ihrem täglichen Leben zu verschließen. In Wirklichkeit aber besteht das Heilmittel für diese Unannehmlichkeiten darin, noch sensibler und offener zu werden. Wenn Sie Ihre Sensibilität weiterentwickeln, kann Ihr Bewusstsein so fein werden, dass es schließlich aus der leuchtenden Transparenz essenziellen Bewusstseins besteht, die die materielle Welt durchzieht. Wenn das geschieht, können sich Reize durch diese Bewusstseinsdimension bewegen, ohne sie zu stören. Als essenzielles Bewusstsein bleiben Sie ruhig und offen, während die

Bewegung des Lebens durch sie hindurchfließt. Das bedeutet, dass Sie sich sogar noch feiner aufs Leben einstimmen können, ohne von der Sie umgebenden Welt überfordert zu sein.

Die Einstimmung auf essenzielles Bewusstsein hilft Ihnen auch, Reize in Ihrer Umgebung zu tolerieren, weil sie erfordert, dass Sie Ihren Körper bewohnen. Wenn Sie innerhalb Ihres Körpers leben, haben Sie ein Gefühl von innerer Tiefe und Ganzheit. Sie können zudem die Qualitäten Ihres Seins wie etwa Ihre Liebe, Ihren Verstand und Ihre Kraft spüren. Sie nehmen wahr, dass Sie wirklich existieren und von innen heraus über sich selbst verfügen. Diese innere Tiefe, Ganzheit und Qualität des Seins ist unzerstörbar. Reize bewegen sich durch sie hindurch, ohne sie zu verändern.

Wenn Ihre Sinne feiner werden – also wenn sie in den subtilen Bereich Ihrer Sinne gelangen – werden sie außerdem einheitlich. Die schwingende Natur der Wirklichkeit, die sich Ihnen durch Ihre subtilen Sinne zeigt, wird gleichzeitig gesehen, gehört, berührt, gerochen und geschmeckt. Wenn Sie sich schließlich als essenzielles Bewusstsein realisieren, nehmen Sie jeden Moment einheitlich und unmittelbar wahr. Alle sensorischen Reize scheinen direkt aus der durchdringenden, leeren Weite Ihres Bewusstseins zu entstehen, ohne irgendein Bemühen Ihrerseits. Das führt zu dem Gefühl der Unmittelbarkeit oder der „Jetztheit", das mit spiritueller Erfahrung in Verbindung gebracht wird.

Mit der Arbeit beginnen

In der zweiten Stunde mit Eva begann ich, ihr die erste Übung des Realization Process beizubringen, die direkte Einstimmung auf essenzielles Bewusstsein durch das Bewohnen des Körperinnenraums. Wie ich in Kapitel 1 erläutert habe, ist es etwas anderes, den Körper zu bewohnen, als sich ihm bewusst zu werden. Es bedeutet, dass Sie tatsächlich innerhalb Ihres Körpers leben; Sie spüren, dass Sie Ihr eigener Innenraum *sind.*

Die meisten Menschen leben auf der Oberfläche Ihrer selbst oder sogar außerhalb Ihres Körpers. Sie nehmen Ihre Umgebung aus dieser äußerlichen Perspektive wahr. Das ist insbesondere bei sehr sensiblen Menschen der Fall, die ihr Leben lang eine überwachsame Haltung gegenüber ihrer Umgebung eingenommen haben. Ihre Wachsamkeit für visuelle und auditive Reize bringt ihre Aufmerksamkeit für die Außenwelt aus dem Gleichgewicht. Wenn das Kindheitsumfeld in irgendeiner Form bedrohlich oder unberechenbar war, wird dieses Muster durch die Angst noch zusätzlich verstärkt. Diese Menschen fühlen sich nicht sicher genug, um den Fokus nach innen zu richten und befürchten, dass etwas Schlimmes passieren wird, wenn ihre Wachsamkeit für die sie umgebende Atmosphäre nachlässt.

Wenn wir allerdings auf der schützenden Oberfläche unserer selbst leben, scheint die Welt ganz direkt auf uns einzuprasseln. Wenn wir diese starre Grenze auflösen und im Innenraum unseres Körpers leben, kann das Leben paradoxerweise sogar tiefer auf uns wirken, ohne dass es uns aus uns selbst verdrängt oder vernichtet.

Wie in Kapitel 2 erläutert, beginnt die Einstimmung auf essenzielles Bewusstsein mit einer Atemübung, die dabei helfen kann, innerlich Kontakt mit sich aufzunehmen. Dazu atmet man durch die Nase ein und führt den Einatem durch den Innenraum des Kopfes gerade nach hinten. Der Ausatem geschieht einfach durch Loslassen.

Diese Atemweise dient einem zweifachen Zweck: zum einen zu lernen, den Atem nach innen zu lenken. Ihn durch den Kopf geradewegs nach hinten zu führen, fördert die Fähigkeit, ins eigene Innere und in die unbekannten inneren Tiefen des Körpers vorzudringen. Es ist eine Vorbereitung, um mit den inneren Tiefen Kontakt aufzunehmen und sie zu bewohnen.

Der andere Zweck der Atemübung ist es, den Atem feiner werden zu lassen. Wenn man im eigenen Körper lebt, wird der Atem subtiler. Dabei beansprucht er nicht nur den physischen Atmungsapparat, sondern er erreicht alle Bereiche des Körpers gleichzeitig. Die Atemübung bringt diese Verfeinerung in Gang.

Nachdem ich Eva zu dem nach innen gerichteten Atem angeleitet hatte, fuhr ich mit der weiteren Übung fort. Ich sagte: „Spüren Sie, dass Sie innerhalb des Innenraums Ihrer Füße sind, dass Sie Ihre Füße bewohnen."

Ich schaute hinab auf Evas lange, schmale Füße, die sie starr auf dem Boden abgesetzt hatte.

„Lassen Sie Ihre Füße weich werden“, schlug ich vor, „so dass Sie tief in sie einsinken können. Lassen Sie besonders den Bereich Ihrer Füße direkt vor Ihren Knöcheln weich werden, und entspannen Sie Ihre Zehen.“

Die Anleitung zum Bewohnen des eigenen Körpers ist für viele Menschen befremdlich, und manche interpretieren sie als Aufforderung, sich selbst in den Füßen zu visualisieren. „Sitze oder liege ich in meinen Füßen?“, fragen sie dann verständlicherweise. Doch Eva schien zu verstehen, worauf ich hinaus wollte, da ihre Füße weicher wurden und ich den Innenraum ihrer Füße durch ihre Präsenz lebendig werden sah.

„Stimmen Sie sich nun auf die Qualität Ihres Selbst in Ihren Füßen ein.“

Diese Anleitung ist natürlich ebenso ungewöhnlich, und manchmal unterbrechen die Menschen die Übung an dieser Stelle und wollen eine Erklärung, was ich damit meine. Sich auf die Qualität des Selbst innerhalb des Körpers einzustimmen, ist ein sehr direktes Mittel, um in die subtilste Dimension seiner selbst einzutreten. Wie bereits gesagt wird es als bestimmte, spezielle Qualität im ganzen Körper erlebt, die sich wie die Qualität des „Selbst“ anfühlt. Mit anderen Worten: es fühlt sich an wie etwas, das wir im Hintergrund unseres Erlebens seit jeher als unser Selbst kennen. Obwohl wir es als die Qualität unseres eigenen Selbst erkennen, handelt es sich bei jedem Menschen um die gleiche Qualität. Indem wir uns auf die Qualität von Selbst in einem Teil unseres Körpers einstimmen, wie etwa in den Füßen, erwachen wir zu der gesamten inneren Tiefe unserer selbst als Einheit. Die Qualität des Selbst ist also ein Tor in die Ganzheit unseres essenziellen Seins.

Eva fiel es leicht, sich auf die Qualität des Selbst in ihren Füßen einzustimmen. Auch wenn wir keine Worte haben, die einen solchen qualitativen Wandel beschreiben, ist es eine Veränderung, die Sie in sich selbst wahrnehmen können und die ein sensibler Beobachter sehen kann.

„Spüren Sie jetzt, dass Sie in Ihren Knöcheln und Unterschenkeln sind“, fuhr ich fort.

Aber Eva war nicht bereit, sich vom Innenraum ihrer Füße wegzubewegen. Ein Ausdruck des Erstaunens hatte sich in ihrem Gesicht breit gemacht, und sie hob eine Hand, um meinen Anweisungen Einhalt zu gebieten, so als ob jegliche verbale Kommunikation den Bann brechen könne. Wir saßen eine Zeit lang da, während Eva sich mit dem Innenraum ihrer Füße vertraut machte. Schließlich öffnete sie die Augen und sagte sanft, doch mit einiger Autorität zu mir: „Das reicht für heute."

Die Erfahrung, ihren Körper zu bewohnen und die beglückende Empfindung ihrer eigenen Existenz waren so intensiv für Eva, dass sie sich dem Ganzen nur nach und nach nähern konnte. In jeder Sitzung konnte sie mit der Übung ein wenig weiter gehen und ein weiteres Stück ihres Körpers bewohnen. Ich erinnere mich an den ernsten, konzentrierten Ausdruck ihres Gesichts bei jedem neuen Bereich ihrer selbst, in den sie sich vortastete, dabei so vorsichtig atmend, als kostete sie ein erlesenes Elixier.

Eva brauchte sechs Sitzungen, bis sie alle Teile ihres Körpers bewohnen konnte. Nach dem Bewohnen jedes einzelnen Körperbereichs geht die Übung dazu über, den gesamten Körperinnenraum auf einmal zu bewohnen. Wenn man, wie die meisten Menschen, stets auf der Oberfläche seiner selbst gelebt hat, ist es erleichternd, diese innere Kammer zu finden und sich darin aufhalten zu können. Anstatt sich lediglich als dünne, verletzliche Grenzfläche zu einer rauen und manchmal bedrohlichen Welt zu verstehen, können Sie sich bis hinab in Ihre innere Substanz erleben.

Hier und dort: Ein und derselbe kontinuierliche Raum

Als Eva zum ersten Mal ihren gesamten Körper bewohnte, erstarrte ihr Gesicht vor nahezu schmerzhafter Freude. Da ich inzwischen mit ihrer Geschwindigkeit vertraut war, wartete ich einige Minuten, bevor ich mit der Übung fortfuhr und sah, wie sie sich langsam an die Intensität dieser neuen Erfahrung gewöhnte. Als ich sie bat, sich auf die Qualität ihres Selbst in ihrem ganzen Körper einzustimmen, verspannte sie sich für einen Moment.

„Werde ich verschwinden?", flüsterte sie mir zu. „Nein", beruhigte ich sie, „Sie werden sogar noch anwesender sein als zuvor." Als Eva sich auf die Qualität des Selbst einstimmte, schien sie von innen heraus zu leuchten. Die scharfen Winkel ihres Körpers wirkten jetzt rundlich und weich. Es sah aus wie eine innere Reifung, als ob etwas Hartes, das bislang in ihr geschlummert hatte, jetzt weich und lebendig geworden wäre.

„Es stimmt", sagte sie, „Ich bin wirklich hier. Das bin ich."

„Halten Sie Ihre Augen geschlossen", fuhr ich fort, „und begeben Sie sich in den Raum außerhalb Ihres Körpers, den Raum im Zimmer." Evas gewaltiger Radar schwenkte durchs Zimmer.

„Spüren Sie jetzt, dass es sich bei dem Raum innerhalb und außerhalb Ihres Körpers um ein und denselben, kontinuierlichen Raum handelt. Er durchzieht Sie. Sie sind noch immer in Ihrem Körper, aber Sie sind durchlässig und transparent. Der Raum innerhalb und außerhalb Ihres Körpers ist ein und derselbe, kontinuierliche Raum."

Für viele Menschen ist diese Anweisung nicht notwendig. Allein durch das Bewohnen des ganzen Körperinnenraums löst sich die gefühlte Grenze zwischen innerer und äußerer Wahrnehmung auf. Das Bewohnen des Körpers im Ganzen deckt spontan das sehr feine, ganzheitliche, essenzielle Bewusstsein auf, das unseren Körper und zugleich unsere Umgebung durchzieht. Praktisch gesehen bedeutet das, dass wir inneren Zusammenhalt und tiefen inneren Kontakt zu uns selbst sowie gleichzeitig Verbundenheit mit der Welt um uns herum erleben können. Als essenzielles Bewusstsein ist unsere Aufmerksamkeit für die innere und die äußere Wahrnehmung vollkommen im Gleichgewicht.

Als Eva sich auf den ihren Körper und ihre Umgebung durchziehenden Raum einstimmte, wurde sie sogar noch strahlender und durchscheinender, als ob sie aus einem sanften Licht bestünde. Sie schien zudem ruhiger zu werden und sich tiefer in ihrem Körper niederzulassen.

„Eva", fuhr ich fort, „öffnen Sie langsam die Augen. Wir haben noch ein paar Schritte mit offenen Augen vor uns."

Nach einigen Momenten begannen Evas Lider zu flattern, und sehr langsam öffnete sie die Augen. Als sie mich vor ihr sitzen sah, schloss sie sie jedoch gleich wieder.

„Es ist okay", sagte ich, stand auf und bewegte mich durch den Raum. „Ich stelle mich hier drüben hin, außerhalb Ihres Sichtfelds, so dass Sie einfach geradeaus schauen können." Das war leichter gesagt als getan, da die „Reichweite" von Evas Augen, als sie sie wieder öffnete, das gesamte Zimmer zu umfassen schien. Ich presste mich schließlich gegen die am weitesten entfernte Wand, und sie fokussierte den leeren Stuhl vor sich.

„Nehmen Sie jetzt mit offenen Augen wahr, dass Sie innerhalb Ihres ganzen Körpers auf einmal sind", sprach ich weiter.

Ich wusste, dass das für jemanden, der so sensibel für seine Umgebung war wie Eva, enorm herausfordernd sein würde. „Versuchen Sie, den Kontakt nach innen aufrechtzuhalten", sagte ich, „während Sie den Raum um Sie herum wahrnehmen. Auch wenn die Welt in Erscheinung tritt, haben Sie noch immer Ihren eigenen Tempel, in dem Sie sitzen können."

Die Vorstellung ihres eigenen Tempels schien für sie Sinn zu ergeben. Sie ließ sich in sich sinken und wurde irgendwie runder und voller.

„Begeben Sie sich jetzt in den Raum außerhalb Ihres Körpers, den Raum im Zimmer. Spüren Sie, dass der Raum innerhalb und außerhalb Ihres Körpers ein und derselbe, kontinuierliche Raum ist."

Wie viele Menschen konnte Eva zwar spüren, wie der Raum ihre Umgebung und ihren gesamten Körper durchzog, nicht allerdings ihren Kopf. Es war, als ob sie ihren Kopf heraushielte, um den Vorgang der Einstimmung zu beobachten. „Lassen Sie den Raum Sie vollständig durchdringen", sagte ich, „Ihren Kopf ebenfalls, so dass Sie komplett in diesen durchdringenden Raum eintauchen."

Schließlich überließ sie auch ihren Kopf der Transparenz und Offenheit des essenziellen Bewusstseins. Als essenzielles Bewusstsein müssen wir uns nicht von unserer Erfahrung trennen, um sie zu beobachten. Die Fähigkeiten des Beobachtens und der Wahrnehmung vereinen sich.

Dann machte ich weiter. „Eva, ich werde hier an der Wand bleiben. Versuchen Sie, ohne mich dabei anzusehen, ob Sie spüren können, dass der Raum, der Sie durchzieht, mich ebenfalls durchzieht."

Ich spürte, wie Evas Aufmerksamkeit ihren Körper blitzartig verließ und in den meinen eintrat. „Bleiben Sie in Ihrem Körper", ermahnte ich sie. „Sie müssen sich gar nicht aus Ihrem Körperinnenraum heraus bewegen, um zu spüren, dass der Raum uns beide durchzieht. Es geht lediglich darum, sich in dem Raum niederzulassen, der ohnehin schon da ist und alles durchzieht."

Diese Anweisungen mögen seltsam wirken, doch ich habe festgestellt, dass fast alle meine Klienten ihnen folgen können. Der durchdringende Raum essenziellen Bewusstseins scheint bereits da zu sein.

Wir erzeugen ihn nicht, ebenso wenig stellen wir ihn uns bloß vor. Nach einer Weile müssen wir uns nicht einmal mehr darauf einstimmen. Auch wenn man bei diesen Übungen den Willen einsetzt, um sich auf ihn einzustimmen, können wir letztendlich einfach in diese subtile Dimension hinein loslassen. Sie entsteht spontan: eine Transparenz sowohl unseres eigenen Seins als auch von allem, was uns umgibt. Essenzielles Bewusstsein ist unser entspanntester Zustand, weil es sich dabei um den Teil unserer Selbst handelt, der weder plant noch sich Vorstellungen macht. Er ist, wer wir wirklich sind. Aber wie ich bereits sagte – wenn wir lediglich in den Raum hinein loslassen, ohne unseren Körper zu bewohnen, werden wir wahrscheinlich nur von unserer Oberfläche aus loslassen. Um in unsere subtilste spirituelle Essenz hinein loszulassen, müssen wir wahrnehmen, wie sie unseren Körper und unsere Umgebung zugleich durchzieht.

Eva sah einen Moment lang überrascht aus, doch sie war in der Lage, sich in das raumartige Bewusstsein niederzulassen, das meinen Körper durchzog, ohne den ihren zu verlassen. Plötzlich schaute sie zu mir herüber und lächelte warmherzig. Es war das erste Zeichen ihrer Anerkennung der Verbundenheit, die sich in den letzten Wochen zwischen uns entwickelt hatte. Sich mit sich selbst und mir verbunden zu fühlen, gab ihr das Gefühl von Sicherheit, das sie brauchte, um ihre herzlichen Gefühle zu mir auszudrücken. Ich lächelte ebenfalls.

„Einen weiteren Schritt noch“, sagte ich. „Spüren Sie, dass der Raum, der Ihren Körper durchzieht, auch die Wände des Zimmers durchzieht. So subtil ist er; er durchzieht sogar die Wände, den Boden, die Decke. Auch jetzt müssen Sie sich keineswegs aus Ihrem Körperinnenraum herausbewegen, um das wahrzunehmen.“

Nachdem sie einige Minuten in diesem durchdringenden Raum verweilt hatte, fragte ich: „Wie fühlt es sich an?“

Eva blieb eine ganze Weile still. Dann sagte sie: „Es fühlt sich sehr zart an, als ob ich gerade erst zur Welt gekommen wäre.“ Mit einem Mal wirkte sie plötzlich wieder zerbrechlich und matt. „Aber wie behalte ich dieses zarte Gefühl da draußen auf der Straße“, fragte sie, „oder in Gesellschaft anderer Menschen?“

Transparenz in Aktion

Obwohl an dieser tiefen Essenz unserer selbst etwas Zartes und Sanftes ist, fühlt sie sich auch substanziell an, wie die Existenz an sich. Im Buddhismus wird sie als hart wie ein Diamant und unzerstörbar beschrieben. Tatsächlich kann diese sehr subtile Dimension auf keine Weise beschädigt werden. Im Zen-Buddhismus heißt es über diesen Raum: „Seit Anbeginn habe ich mich niemals bewegt." Er war schon immer da, im Zentrum unseres Seins, lange, bevor wir uns dessen bewusst wurden. Die Einstimmung auf diese Offenheit beruht auf tiefem, inneren Kontakt mit unserem eigenen Sein. Diese Zartheit ist empfänglich und aufnehmend, aber sie ist auch stark und sicher.

Ich schlug Eva vor, sich im Bewohnen ihres Körpers zu üben, wann auch immer sie sich an öffentlichen Orten befand, etwa in einem Restaurant, einem Kino oder bei der Arbeit. Ich wollte, dass sie sich in ihrem eigenen Körper sicher fühlte, bevor sie übte, sich auf den Raum, der sie und ihre Umgebung durchzog, draußen in der Welt einzustimmen.

Eva war Graphikdesignerin in einer Werbeagentur. Sie hatte mir gegenüber die Überlegung erwähnt, ihren Job aufzugeben, weil sie glaubte, dass ihre Kollegen nichts von ihr hielten. Oft hatte sie das Gefühl, dass hinter ihrem Rücken über sie gesprochen wurde. Aber sie räumte ein, dass sie das auch in anderen Arbeitssituationen schon oft geglaubt hatte, und dass sie aus diesem Grund dazu neigte, nie lange in einem Job zu bleiben. Es ist unter sensiblen Menschen sehr verbreitet, sich aufgrund ihrer Verschiedenheit zu anderen extrem befangen zu fühlen und sogar die Gesichtsausdrücke anderer Menschen als Missbilligung oder Spott fehlzuinterpretieren.

Nachdem sie einige Wochen geübt hatte, erzählt sie mir, sie habe einen Durchbruch erlebt. Sie hatte an einer Personalversammlung teilgenommen, ein monatlicher Termin, der für sie immer „unerträglich" gewesen war. Sie beschrieb, wie sie sich unter den anderen Mitarbeitern für gewöhnlich entweder unsichtbar oder aber zu auffällig gefühlt hatte.

„Aber diese Woche fühlte ich etwas, dass ich noch nie zuvor gefühlt habe", sagte sie. „Ich spürte, dass ich Raum einnahm." Die Aufregung wanderte durch ihren Körper, während sie sprach, und wie um sie drinnen zu halten, legte sie sich die Hände auf die Brust. „Bei dem Treffen wurde mir klar, dass es einen Platz gab, an dem ich sein konnte. Ich war hier, in meinem Körper, und alle anderen waren außerhalb meines Körpers. Ergibt das Sinn? Ha! Ich existiere, weil ich Raum einnehme, ich kann spüren, wie ich Raum einnehme."

„Und ich stimmte mich die ganze Zeit auf das Gefühl von Liebe in meiner Brust ein", fuhr sie fort. „Ich sagte mir selbst: ‚Ich bin ein guter Mensch, ich habe diese Liebe in meinem Brustraum. Es ist egal, was sie über mich denken.' Und dann fing ich an, mehr mitzukriegen, wer die anderen sind, statt damit beschäftigt zu sein, was sie über mich denken könnten."

Nach einigen Monaten bemerkte ich eine Veränderung an Eva. Ihr Körper war noch weicher geworden, und die scharfen Winkel ihrer langen Arme und Beine wirkten harmonischer. Ihre Augen hatten etwas von ihrer Mattheit verloren. Sie schien sich in sich selbst niederzulassen, anstatt aus ihrem Körper herauszudriften, aber es lag noch immer etwas Einsames und Schützendes in ihrer Haltung.

Ich fragte sie, wie es bei der Arbeit liefe. „Oh, viel besser", sagte sie. „Ich behaupte mich jetzt dort richtig. Ich ziehe Grenzen, schließe die Tür zu meinem Büro, wenn es auf dem Flur zu laut wird. Früher hatte ich immer Angst, dass man mich für komisch hält, wenn ich das tue."

„Das ist toll, Eva. Aber fühlen Sie sich dort immer noch ein wenig isoliert?"

Eva schwieg für längere Zeit. Wie schon in unserer ersten Sitzung schien sie die Atmosphäre im Raum auf Vertrauenswürdigkeit zu prüfen. Schließlich sagte sie: „Die scheinen alle zu wissen, wie man miteinander redet, hören alle die gleiche Musik und schauen sich die gleichen Filme an. Ich fühle mich einfach anders."

In Evas Stimme schwangen mehr Gefühle mit als sonst. Sie hatte nicht den üblichen sachten, bedachten Tonfall; sie klang wütend, trotzig und traurig. Sie sah auf einmal aus wie ein kleines Kind, etwa acht oder neun Jahre alt, verwirrt und schrecklich einsam.

Zum ersten Mal seit Beginn unserer gemeinsamen Arbeit verbrachten wir eine Sitzung damit, über ihre Kindheit zu sprechen. Sie war das älteste Kind, allerdings waren ihre beiden Geschwister zur Welt gekommen, als sie noch recht jung war. Sie erinnerte sich an ihr ständiges Weinen und auch an ihr ausgelassenes Spiel im Haus, als sie älter wurden. Die Geräusche der Familie in der kleinen Wohnung hatten sie immer gestört, und so verbrachte sie so viel Zeit wie möglich allein hinter der geschlossenen Tür ihres Zimmers. Sie erinnerte sich, sich sogar in ihrem Zimmer von den durchs Fenster dringenden Geräuschen und Gerüchen der Stadt bombardiert gefühlt zu haben. Als sie zur Schule ging, fühlte sie sich ebenfalls wie eine Außenseiterin. Die anderen Kinder kamen ihr „zu groß und zu laut" vor, und auch die Art, wie sie sich bewegten, sich anrempelten und in den Pausen umherrannten, ängstigte sie.

Eva konnte fühlen, wie sie sich ein „dickes Fell" zugelegt hatte, um sich von ihnen abzusondern. Außerdem hatte sie entdeckt, dass die Geräusche und Bewegungen um sie herum nicht in sie „hineinkommen" konnten, wenn sie sich ganz still verhielt. Nun konnte sie spüren, wie diese starre Stille sie davon abhielt, sich selbst wahrzunehmen.

Ich legte ihr nahe, dass sie nun bereit sei, auch bei der Arbeit zu praktizieren und sich spüren zu lassen, wie der Raum sie und andere Menschen durchzog. Sie würde dabei weiterhin in ihrem Körper bleiben, allerdings ohne vom Kontakt zu den anderen abgeschnitten zu sein. Ich erinnerte sie daran, dass sie das mit mir recht gut hatte wahrnehmen können.

„Aber hier mit Ihnen ist es etwas ganz anderes", protestierte sie. „Hier ist es ruhig, Sie sind ruhig. Und Sie gehen vorsichtig mit mir um. Die anderen Leute sind nicht vorsichtig. Ich will nicht im gleichen Raum mit denen sein." Sie schien selbst überrascht über ihrem Ausbruch; während sie sprach, hatte sich ihre Stimme in eine erboste Tonlage hochgeschraubt. „Wow", sagt sie. „Ich bin richtig wütend auf diese Leute, obwohl ich sie gar nicht richtig kenne. Es ist, als wäre ich wütend auf die Welt." Sie blickte vorsichtig zu mir herüber, und ich nickte. Wir wussten beide, dass sie etwas Wichtiges über sich erkannt hatte.

Bevor sie in der Offenheit des durchdringenden Bewusstseins leben konnte, musste sie lernen, sich mit ihrer Wut über die aufreibende Welt zu arrangieren. Für Eva war es ein Prozess des Vergebens. In den nächsten paar Wochen bemühte sie sich darum, ihren Brüdern zu verzeihen, dass sie als Kinder so laut gewesen waren, und ihren Kollegen, dass sie in einem sensorischen Bereich lebten, der anders war als ihr eigener. Sie sprach davon, den Medien zu verzeihen und sogar den Künstlern und Musikern für ihre grellen Designs und ihre laute, monotone Musik. Schließlich stellte sie sich ihrer Wut auf ihre Eltern, die ihre Sensibilität nie verstanden hatten.

Ich hörte ihr zu, wie sie sich durch ihre schmerzlichen Gefühle von Wut und Scham kämpfte, und wie sie anfing, Mitgefühl für sich und die Welt um sie herum zu empfinden. Es war unmöglich, in diesem tiefen Selbstheilungsprozess psychologische und spirituelle Aspekte auseinanderzuhalten. Sie musste die Spuren ihrer persönlichen Geschichte zurückverfolgen bis zu ihren frühesten Erinnerungen, wie sie vor der rauen Umgebung zurückschreckte, um ihr heutiges, automatisiertes Zurückschrecken zu verstehen und zu beenden. Sie musste sich der äußerst unangenehmen Empfindungen bewusst werden, die sie seit ihrer Kindheit in ihrem Körper trug, wie den Ekel und die hilflose Überforderung, damit diese nicht länger ihre Reaktionen auf die Welt bestimmten.

Langsam dämmerte ihr, dass es niemandes Fehler war, dass sie sich so anders als andere Menschen fühlte, und sie begann, sich der Welt, die sie abgelehnt hatte, wieder zuzuwenden. Die allmähliche Akzeptanz ihrer Umgebung mitsamt ihrer Lautstärke und Aufdringlichkeit erlaubte ihr wiederum, sich selbst mehr akzeptiert zu fühlen. Ihre Wachsamkeit und ihre Angriffsbereitschaft ließen nach. Schließlich begann sie, ihre Sensibilität anzunehmen und zu schätzen. Sie konnte die lebendige, nuancenreiche und schwingende Welt, die ihr ihre Sensibilität offenbarte, wertschätzen und sogar anfangen, anderen davon zu erzählen.

Das Leben fließen lassen

In den Monaten unserer gemeinsamen Arbeit übten wir weiterhin die Einstimmung auf essenzielles Bewusstsein. Der für Eva hilfreichste Teil der Übung war es, sich auf die Stille des durchdringenden Raums und die Bewegung ihres Atems gleichzeitig einzustimmen. Der Atem fließt dabei durch die Stille essenziellen Bewusstseins, ohne sie zu stören oder zu verändern. Diese Praxis half ihr wahrzunehmen, wie ihre Gedanken, Gefühle, körperlichen Empfindungen und sogar Anblicke und Geräusche aus der Umgebung sich durch den Raum bewegten, ohne dessen Stille zu unterbrechen.

Diese Übung kann uns dabei unterstützen, die Stille unserer wahren Identität, die den subtilen Urgrund unseres Seins bildet, von der Bewegtheit unserer Erfahrungen zu unterscheiden. Das bedeutet nicht, dass wir von unserer Erfahrung getrennt oder weniger davon tangiert werden. Ganz im Gegenteil: Je mehr wir uns mit der Stille essenziellen Bewusstseins identifizieren, desto tiefer erfahren wir das Leben. Denn als essenzielles Bewusstsein greifen wir nicht in den Fluss unserer Gedanken, Gefühle, Empfindungen und Wahrnehmungen ein.

Essenzielles Bewusstsein und die Sinne

Ich zeigte Eva die Übung, als essenzielles Bewusstsein zu sehen und zu hören.

Zuerst stimmte sie sich mit geöffneten Augen gleichmäßig auf den ihren Körper und ihre Umgebung durchdringenden Raum ein.

Dann sagte ich: „Nehmen Sie wahr, dass all die Geräusche, die Sie jetzt gerade hören, in der Stille des Raums stattfinden, ohne diese Stille zu stören. Der Raum selbst hört die Geräusche. Sie müssen nicht hinhören, um zu hören – Sie können die Geräusche ganz mühelos empfangen. Geräusche sind Schwingungsmuster, die durch den Raum ziehen, ohne ihn in irgendeiner Weise zu verändern."

Eva und ich saßen gemeinsam in der Offenheit des Raums, während das Geräusch der Heizung und des entfernten Verkehrs hindurchzog. Erstaunlicherweise begann in genau diesem Moment ein einzelner Vogel zu singen, jeder Ton wie ein Glockenschlag in der offenen, unbewachten Stille unseres Lauschens.

„Jetzt", fuhr ich fort, „erlauben Sie allem, was Sie sehen, im Raum zu sein, einfach so, wie es ist. Ihr Sehfeld entspannt sich und wird eins mit dem essenziellen Bewusstsein. Der Raum selbst übernimmt das Sehen – Sie müssen nicht hinschauen, um etwas zu sehen. Sie können die visuellen Eindrücke ganz mühelos empfangen."

Eva konnte dem Raum das Hören überlassen, aber das Sehen im essenziellen Bewusstsein war schwieriger für Sie. Ich sagte ihr, sie solle aus dem Fenster auf die sich im Wind bewegenden Zweige des Baumes schauen. „Probieren Sie, ob Sie wahrnehmen können, dass die Stille des Raums nicht durch die sich hindurch bewegenden Blätter gestört wird. Es ist dasselbe, wie Ihren Atem durch den Raum ziehen zu lassen. Stille und Bewegung sind gleichzeitig da."

Als Eva aus dem Fenster blickte, erinnerte ich mich an unsere erste Sitzung, in der sie draußen unter den Bäumen Zuflucht vor unserer Begegnung gesucht hatte. Jetzt blieb sie in ihrem Körper und spürte, wie der Raum sie selbst und zugleich die Bäume durchzog. Während ich ihr zusah, ließ sie allmählich ihr visuelles Greifen los und das letzte bisschen Mattheit in ihren Augen verschwand.

Ich fuhr fort: „Nehmen Sie wahr, dass alles, was Sie hören und alles, was Sie sehen, zur gleichen Zeit im Raum auftaucht, ohne ihn zu stören. Die Anblicke und Geräusche entstehen direkt aus dem Raum heraus. Sie sehen und hören ohne jede Mühe." Zum ersten Mal, seit ich sie kannte, schien Eva sich wohl zu fühlen. Sie musste sich nicht verteidigen, und sie wurde nicht von den Anblicken und Geräuschen um sie herum aus ihrem Körper heraus gezogen.

Eva stellte fest, dass diese Praxis es ihr sehr erleichterte, die Transparenz ihrer selbst und ihrer Umwelt kontinuierlich wahrzunehmen. Sie musste sich nicht mehr auf den Raum einstimmen, sondern fand sich darin wieder, wann immer sie daran dachte, sich darauf zu konzentrieren. Sie entwickelte eine viel größere Toleranz gegenüber aufreibenden Anblicken und Geräuschen. Sie konnte dem abstrakten Gemälde in meiner Praxis gegenübersitzen, ohne durcheinanderzugeraten, und den wuchtigen Rhythmen der Musik in ihrem Fitness-Studio standhalten, ohne die frühere Erschöpfung zu empfinden.

Noch immer aber fühlte sich Eva von den Schwingungen anderer Menschen überfordert oder „verdrängt". Sie hatte angefangen, sich auf die Couch zu setzen, auf der auch meine anderen Klienten saßen, aber wenn vor ihrer Sitzung ein besonders bekümmerter Mensch meine Praxis verlassen hatte, wollte sie nicht auf dessen Platz sitzen, weil sie sich von den Schwingungen dieser Person gestört fühlte. Obwohl sie oft einsam war und anfing, von der Möglichkeit zu sprechen, einen Liebespartner zu finden, hatte sie Angst davor, an sozialen Unternehmungen teilzunehmen. Menschengruppen brachten sie immer noch durcheinander.

Also praktizierten wir eine weitere Übung, die ihr helfen sollte, in der spirituellen Dimension mehr Stabilität zu erlangen und dadurch sogar menschlichen Schwingungen zu erlauben, durch den klaren Raum ihres Seins zu ziehen.

Eine Erbse werfen

Ich saß nahe bei Eva und bat sie, zu spüren, dass der Raum sowohl ihren als auch meinen Körper durchzog. Inzwischen fiel ihr das ziemlich leicht, und sie blieb in ihrem Körper, während sie in dem uns beide durchdringenden Raum verweilte.

Ich sagte zu ihr: „Ich habe hier einen imaginären, kleinen, roten Ball, etwa in der Größe einer Erbse, und ich werde ihn durch den Raum über Ihre rechte Schulter werfen. Ich möchte, dass Sie diesen Ball durch den Raum ziehen lassen."

Eva lachte über diese Anweisung. Da über ihrer Schulter nichts war und es auch keinen realen roten Ball gab, klang es nicht allzu schwer. Aber als ich dann so tat, als würde ich den Ball werfen, stellte sie überrascht fest, dass sie seinen Flug auf etwa halbem Weg über ihrer Schulter aufhielt.

Auch wenn es keinen roten Ball gab, so war sein Flug doch nicht völlig imaginär. Die Handlung meines Wurfs – ein Schnippen mit dem Handgelenk und der Hand – schickte einen Strom von Energie durch den Raum. Dieser Fluss wurde durch Evas eigene Vorstellung von dem Ball noch lebendiger. Der Energiefluss aus meiner Hand kollidierte mit subtilen Haltemustern in Evas Bewusstseinsraum. Diese schützenden Muster sind nicht nur im Inneren des Körpers, sie wirken sich auch auf den Raum um den Körper herum aus. Evas lange Geschichte der Wachsamkeit und des Schutzes vor der Außenwelt hatten tatsächliche statische Verdichtungen in dem Raum um ihren Kopf erzeugt. Sie konnte fühlen, wie diese Verdichtungen den Energiestrom aus meiner Hand aufhielten. Mit etwas Konzentration war sie in der Lage, sie zu lösen, so dass sich der imaginäre Ball beim zweiten Versuch ungehindert durch den Raum bewegte.

Ich fuhr damit fort, den imaginären Ball durch den Raum über ihrer linken Schulter zu werfen, und dann durch ihre Schultern selbst hindurch, damit sie wahrnehmen konnte, wie Schwingungen aus der Umgebung sich sogar durch die Transparenz des Körpers bewegen können, ohne sich darin „zu verfangen" oder den Innenraum des Körpers in irgendeiner Weise zu verändern.

Dann setzte ich mich neben sie auf die Couch. Das ließ Eva ein wenig aufschrecken, doch es gelang ihr, innerhalb ihres Körpers zu bleiben und sich dem uns beide durchdringenden Raum zu öffnen.

„Jetzt werde ich so tun, als ob ich weine", sagte ich zu ihr. „Und ich möchte, dass Sie das Geräusch meines Weinens durch den Raum ziehen lassen, genauso, wie Sie es mit dem imaginären Ball getan haben."

Als ich Laute des Weinens von mir gab, fühlte ich, wie Eva ihre Einstimmung auf essenzielles Bewusstsein abbrach und wir somit nicht länger im selben Raum waren. Als ich sie darauf hinwies, konnte sie ihre schützende Bewegung wahrnehmen. Wir versuchten es noch einmal, und sie stellte fest, dass sie offen bleiben und die Laute meiner Trauer durch den Raum ziehen lassen konnte.

Evas Muster hatte darin bestanden, sich gegen die Schwingungen anderer Menschen zu schützen, es hatte ein Gefühl der Entfremdung von der sie umgebenden Welt erzeugt. Manche sensiblen Menschen schützen sich nicht auf diese Art und überlassen sich einfach einem anhaltenden Gefühl der Überwältigung und des Verschmelzens mit anderen. Mehrmals haben Klienten, denen ich diese Übung beibrachte, angefangen zu weinen, sobald sie mein Weinen hörten. Vor kurzem begann eine junge Frau bereits zu weinen, als ich ihr sagte, dass ich so tun würde als ob ich weinte, bevor ich auch nur einen Laut von mir gegeben hatte. Diese extreme emotionale Empfindsamkeit ist eine weitere Art spiritueller Offenheit, die zu bestimmten Herausforderungen und Mustern des Selbstschutzes führt. Ich werde dies in Kapitel 6 thematisieren.

In den darauf folgenden Wochen übte Eva diese neue Fähigkeit mit anderen Menschen in ihrem Leben, in geselligen Situationen und bei der Arbeit. Nach einer Weile stellte sie fest, dass sie in jeder Situation die

Schwingungen anderer durch ihre Einstimmung auf essenzielles Bewusstseins ziehen lassen konnte. Das bedeutete, dass sie nicht weiter auf der Hut vor potenziell überfordernden Begegnungen sein musste.

Sie fand auch heraus, dass sie sich für andere emotional empfänglicher fühlte, weil sie sich nicht von deren Erleben abschottete. „Ich liebe Menschen", berichtete sie mit einigem Erstaunen. Sie konnte jetzt ein anhaltendes Gefühl von Wärme in ihrem Herzen spüren und eine Art Liebe, die sie bislang noch nicht gekannt hatte. Sie beschrieb, wie diese Liebe zu bestimmten Menschen unerwartet aufstieg, ebenso wie zu der Menschheit als Ganzes, eine Liebe, die „sowohl fern als auch nah zugleich" war. „Und es ist so erstaunlich", sagte sie zu mir. „Menschen bestehen aus dem gleichen Zeug wie Bäume!"

Sensorische Sensibilität ist, wie wir gesehen haben, ein Geschenk, das uns dabei helfen kann, unsere spirituelle Essenz zu wecken. Indem wir noch sensibler werden, können wir eine subtile, ganzheitliche Dimension unserer selbst aufdecken, in der Reize erfasst werden, ohne uns zu überfordern. Wir können uns an einer Welt voller lebendiger und subtiler Anblicke, Geräusche, Gerüche, Geschmäcker und Texturen erfreuen. Wir können sogar eine innere Welt jenseits oder neben den Oberflächen des uns umgebenden Lebens erspüren, die Bewegung von Gedanken und Gefühlen in den Körpern anderer Menschen und die feinen, vielfarbigen Schwingungen, die alle Formen der Natur ausstrahlen. Jemanden mit dieser Gabe zu kennen, ist eine Einladung in diese reiche, sensorische Welt, und auch eine Einladung zur Ausweitung der eigenen Sinne, um selbst etwas von dieser Gabe zu empfangen.

Übung 9 Eine Erbse werfen

Diese Übung wird zu zweit durchgeführt. Sitzen Sie einander mit geöffneten Augen in etwa 30 cm Abstand aufrecht gegenüber.

Spüren Sie, dass Sie im Inneren Ihres ganzen Körpers auf einmal sind. Spüren Sie den Raum außerhalb Ihres Körpers. Spüren Sie, dass es sich bei dem Raum innerhalb und außerhalb Ihres Körpers um ein und denselben, kontinuierlichen Raum handelt. Nehmen Sie wahr, dass der Raum, der Ihren eigenen Körper durchzieht, auch den Körper Ihres Partners durchzieht. Bewegen Sie sich nicht aus Ihrem eigenen Körper heraus, während Sie sich auf diesen durchdringenden Raum einstimmen.

Nun wirft Partner A einen imaginären roten Ball, etwa in der Größe einer Erbse, durch den Raum oberhalb der rechten Schulter von Partner B. Ein sanfter Wurf, der aber fest genug ist, um den Ball durch den ganzen Raum zu schicken. Partner B lässt den Ball durch den Raum ziehen, ohne ihn aufzuhalten oder danach zu greifen. Das kann ein wenig Übung erfordern. Wiederholen Sie dies zwei oder drei Male, und gehen Sie dann dazu über, dass Partner A den Ball über die linke Schulter von Partner B wirft.

Jetzt wirft Partner A den imaginären Ball sanft durch die rechte Schulter von Partner B hindurch. Partner B lässt den Ball durch den Raum in seiner oder ihrer rechten Schulter ziehen. Selbst der Körper besteht aus leerem Raum, so dass der Ball ohne Hindernisse hindurch gehen kann. Wiederholen Sie das Ganze, indem Partner A den Ball durch die linke Schulter von Partner B wirft.

Jetzt steht Partner A neben Partner B und gibt einen traurigen oder wütenden Laut von sich. Partner B lässt das Geräusch durch den Raum ziehen, ohne es zu behindern oder danach zu greifen.

Tauschen Sie die Rollen. Nun wirft Partner B den Ball, und Partner A lässt ihn durch den Raum ziehen.

Diese Übung kann auch ohne Partner praktiziert werden. Sie können mit Lauten üben, um Ihre Offenheit für spirituelle Essenz zu fördern und zu stabilisieren. Üben Sie zu Beginn mit einem angenehmen Geräusch, etwa mit Musik. Versuchen Sie, das Geräusch durch Ihren Körper und durch Ihr subtiles Bewusstsein hindurchziehen zu lassen, ohne dass Sie sich aufgeschreckt oder gestört fühlen. Wenn Ihnen das gelingt, können sie es mit aufreibenderen Geräuschen, wie beispielsweise Verkehrslärm, versuchen.

Ob Sie nun eine Straße in einer Stadt entlang laufen oder sich in einer gedrängten Umgebung wie etwa einem Lebensmittelgeschäft befinden – üben Sie, alle Geräusche, Anblicke und Gerüche ebenso wie die Schwingungen der Menschen durch den klaren Raum, der Sie und Ihre Umgebung durchzieht, ziehen zu lassen. Erinnern Sie sich daran, dass Ihre eigentliche Natur in keiner Weise durch die Reize der Umgebung verändert werden kann.

Kapitel 5

Auf der Erde landen: Die Herausforderung, sich zu erden

David hatte seidiges blondes Haar, das ihm bis zu den Schultern reichte, und ein sanftmütiges Lächeln, das die Traurigkeit in seinen Augen nicht ganz zu kaschieren vermochte. Während er mich auf etwas distanzierte, segensvolle Art anlächelte, entstand in mir der Eindruck eines kleinen Jungen, der sehnsüchtig und verzweifelt aus seinen Augen herausschaute. David war zu mir gekommen, weil er sich in seinem Leben an einer Wegkreuzung sah, unfähig zu entscheiden, welche Richtung er einschlagen sollte. Die Notwendigkeit, seinen Lebensunterhalt zu verdienen und einen wohnlichen Ort zum Leben zu finden langweilte und entmutigte ihn. Er wollte weit weg gehen, um sich ganz dem spirituellen Leben zu widmen, doch er befand sich in einem Konflikt. Irgendetwas erschien ihm noch unerledigt und hielt ihn hier in der gewöhnlichen Welt zurück.

Als er mir gegenüber saß und von diesem Dilemma berichtete, bemerkte ich das enorme Licht über seinem Kopf. Er leuchtete von seiner Stirn aus nach oben. Sein Unterkörper jedoch, insbesondere sein Becken, war eng und leblos. Ich konnte das Unbehagen, das dieses Ungleichgewicht mit sich brachte, spüren. Er hatte kein Fundament, nichts, was die strahlende Weite im obersten Teil seines Wesens stützte.

Ich empfand großen Respekt für David, nicht nur wegen des Lichts, das von seinem Scheitel aus strahlte, sondern auch, weil er wusste, dass trotz all des Lichts etwas nicht ganz stimmte. Er wusste, dass er Heilung brauchte. Und doch war es ein echter Kampf. Er glaubte, mich überzeugen zu müssen, dass er keinerlei Interesse an der Welt hegte und keinen Beruf, keine Freundschaften und keine intime Beziehung nötig hatte. Er betrachtete diese Dinge als Ablenkungen, die andere Leute davon abhielten, die Wahrheit zu sehen. Er sprach mich manchmal wie eine Verbündete an, die seine Hingabe an seinen spirituellen Weg anerkennen würde, und dann wieder wie eine Feindin, eines der gewöhnlichen Arbeitstiere, das seinen Lebenswandel als seltsam oder krank verurteilten würde.

Ich hingegen hatte gar keine Meinung zu seinem Lebenswandel. Ich denke nicht, dass es gesünder ist, einen Job und eine Familie zu haben denn als Eremit im Wald oder in einem indischen Aschram zu leben. Ich war lediglich besorgt über die Offenheit seines Wesens, die vielen Widersprüche und Konflikte, die in ihm hausten, und besonders über die tiefe Zerrissenheit zwischen seinem Ober- und seinem Unterkörper. Ich wollte David helfen, in seinem gesamten Körper offen zu werden, nicht weil ich dachte, er brauche in seinem Leben sexuelle Intimität oder einen konventionellen Job, sondern weil ich glaubte, dass sein Fortschritt auf dem spirituellen Weg davon abhing. Er würde zu seinem ganzen Wesen finden müssen, um sein Licht ganz zu befreien.

Persönliche Geschichte und spirituelle Transzendenz

Menschen, die spirituell begabt sind, verfügen häufig über besondere Willensstärke. Zugleich sind sie oft äußerst beeinflussbar oder formbar, so als ob sie in Wirklichkeit aus einem poröseren Material bestünden als die meisten anderen. Diese Kombination hat zur Folge, dass sie sich tiefgreifend und mit enormer Kraft zusammenziehen können. Daher sind sie oftmals in manchen Bereichen ihrer selbst sehr offen und wiederum sehr verschlossen in anderen – sie verkörpern eine große Bandbreite an Reife und Unreife. Das galt auch für David, der extrem offen in seinem Kopf, aber fest verschlossen in seinem Becken war.

Nach einigen Terminen mit David begann ich, mich nach seiner Kindheit und dem Verhältnis zu seinen Eltern zu erkundigen. Zur Antwort präsentierte er mir gut durchdachte psychologische Profile der beiden. Seine Mutter war eine talentierte Malerin gewesen, hatte jedoch ihre Kunst aufgegeben, um ihre drei Kinder großzuziehen. Sie war dazu erzogen worden, die Familie über alles andere zu stellen und verschrieb sich voll und ganz deren Sorge, doch sie wirkte oftmals ausgelaugt und irgendwie zerbrechlich, als ob das Leben zu viel für sie sei. Manchmal, sagte David, habe sie verloren oder orientierungslos ausgesehen, als ob sie nicht wisse, wie sie eigentlich in diese Situation geraten sei.

Auch Davids Vater hatte sich für das Wohl seiner Familie aufgeopfert. Er verkaufte Versicherungen und war den ganzen Tag unterwegs zu irgendwelchen Leuten. Wenn er zu Hause war, wollte er nur noch allein gelassen werden; er war es müde, unter Menschen zu sein. Er saß im Wohnzimmer in seinem Lieblingssessel, trank Scotch und starrte blindlings in den Raum. Davids Mutter ermahnte die Kinder, sich von ihm fernzuhalten, im oberen Stockwerk zu bleiben und still zu sein, und sie versicherte ihnen immer wieder, wie sehr ihr Vater sie liebte und dass er bloß „ausspannen" müsse. Als er zehn Jahre alt war, verstand David, dass sie das im Grunde sich selbst versicherte und dass auch sie Angst davor hatte, den Mann im Erdgeschoss zu stören.

Wie fast alles, was David erzählte, brachte er auch diese Einsichten relativ emotionslos vor. Seine Worte waren mitfühlend, sein Tonfall hingegen nicht. Als ich das anmerkte, wurde ich für ihn wieder zur Feindin, der spirituellen Ignorantin: konnte ich denn nicht sehen, dass es sich hier bloß um eine Geschichte handelte, die keinerlei Relevanz für Davids wahre Identität hatte?

Ich teilte David meine Sicht der Dinge mit: dass das Wissen um unsere persönliche Geschichte uns helfen kann, zu verstehen, wie wir uns organisiert und eingeschränkt haben, um mit der Welt um uns herum klarzukommen. Wenn wir uns an uns selbst im Verlauf der verschiedenen Stadien unseres Lebens erinnern, können wir uns mit dem Mut und der Intelligenz verbinden, mit denen wir uns durch die Welt unserer Kindheit und die Herausforderungen des Erwachsenenlebens navigiert haben.

Wenn wir mit uns selbst vertraut sind und uns genau kennen, können wir anfangen, uns mit Mitgefühl und Respekt zu betrachten.

In den darauffolgenden Wochen brachte ich unser Gespräch auf das Szenario, das er beschrieben hatte, zurück: der abgekämpfte, aber einschüchternde Vater im Wohnzimmer; die zaghafte, einsame Mutter oben bei den Kindern. Ich wollte wissen, ob David sich je schlecht benommen habe. Was war passiert, wenn er nicht still genug hielt, wenn der Bogen, den er um seinen Vater machte, nicht groß genug war?

Als ob er einen längst vergessen geglaubten Teil seiner selbst hervorhole, sagte David, nun mit erzwungener Beiläufigkeit: „Dann schlug er mich. Aber das kam nicht oft vor, nur wenn er wirklich betrunken war."

„Mit einem Gürtel?", fragte ich.

„Ja, klar, mit einem Gürtel. Es hat aber nicht weh getan."

Als er davon sprach, zog sich sein Becken noch fester zusammen, und das Ungleichgewicht nach oben hin wurde intensiver. Einen Moment lang sah ich den kleinen Jungen ganz deutlich vor mir.

„Wohin hat er Sie geschlagen?", fragte ich.

„Bloß auf den Hintern", sagte er, „Ich habe wirklich gar nichts gespürt."

David war es gelungen, sein Becken so gründlich zusammenzuziehen, dass er den Schmerz von den Schlägen mit dem Gürtel tatsächlich nicht spürte. Er hatte sich auch vor der Demütigung und dem Kummer verschlossen, die ihm die Zusammentreffen mit seinem Vater brachten. Er verlagerte sein Leben nun hauptsächlich in den Kopf und hob sich so buchstäblich über den düsteren, verworrenen Schrecken der Situation hinaus.

Dadurch, dass er sich betäubte, um die Schläge seines Vaters mit dem Gürtel sowie dessen Wut und mangelnde Fürsorge nicht spüren zu müssen, war er auch für die potenzielle Wut und Gleichgültigkeit anderer taub geworden. Unbewusst hatte er sich für jegliche menschliche Begegnungen unerreichbar gemacht, in denen sich das schmerzliche Zerwürfnis mit dem Vater zu wiederholen drohte. Als Erwachsener hatte er sich selbst davon überzeugt, dass er in den Gefilden von körperlichen Empfindungen und Gefühlen, in denen andere sich so wohlzufühlen schienen, schlichtweg nicht existierte. Davids enorme Liebesfähigkeit war nicht dazu bestimmt, mit der menschlichen Welt geteilt zu werden, außer auf abstrakte Weise, nämlich als bedingungslose Liebe für die Menschheit im Allgemeinen. Aus der erhabenen Position oberhalb seines Kopfes erfreute sich David an einem Gefühl des ausgedehnten Wohlwollens, das nicht dem Verrat ausgeliefert war. Aber jener kleine, traurige Junge schaute noch immer aus seinen Augen heraus. Der Verlust der Liebe seines Vaters lebte in seinem Körper weiter.

„Ich will schweben!“, sagte er zu mir.

„Sie werden immer schweben können“, sagte ich. „Aber momentan schweben Sie lediglich mit einem kleinen Teil von sich, mit Ihrem Oberkopf. Wenn Sie Ihren Körper als Ganzes bewohnen können, werden Sie in der Lage sein, mit Ihrem ganzen Sein zu schweben.“

Davids Hingabe an seinen spirituellen Weg und sein verzweifelter Wunsch, frei zu sein von dem, was ihn hielt, führten ihn schließlich zu dem Entschluss, es auf einen Versuch ankommen zu lassen und meine Methoden auszuprobieren. In den folgenden Wochen praktizierten wir die erste Übung des Realization Process zum Bewohnen des Körpers. Es fiel ihm wahnsinnig schwer, doch er setzte seine enorme Willenskraft ein und machte beharrlich weiter. Sein Körper fühlte sich schrecklich an. Als er versuchte, sein Becken zu bewohnen, fühlte er sich, wie er sagte, als ob er von einer „riesigen Zange gepackt“ würde.

Eines Tages, als wir uns wieder einmal durch die Übung arbeiteten, hatte er eine Offenbarung. Plötzlich wurde ihm klar, dass er nicht gepackt wurde, sondern dass er selbst es war, der sich packte. Da war gar keine Zange. Da war ein kleiner Junge, der sich mit aller Kraft zusammenpresste, um sich zu verschließen. Er konnte den Trotz und die Verzweiflung des Kindes spüren, und in der Kraft seiner Muskeln auch seine Entschlossenheit. Nun war er in der Lage, sein Becken willkürlich zu packen und wieder loszulassen. Jedes Mal, wenn er es losließ, wurde es ein wenig offener und weicher. Schließlich konnte er den Dorn am Gürtel seines Vaters an seinem Leib spüren, und er weinte und weinte. Meine ganze Praxis füllte sich mit seiner Trauer.

In der nächsten Sitzung erzählte David, dass er Angst gehabt habe, als er durch die Straßen der Stadt gelaufen sei. Er hatte diese Angst schon immer gehabt, aber in der Vergangenheit war es ihm gelungen, sie zu ignorieren und die anderen Menschen samt seiner Reaktion auf sie auszublenden. Jetzt war er sich des Gefühls sehr bewusst, dass die Menschen, denen er begegnete, irgendwie stärker oder substanzieller als er waren. Es war weniger eine Angst vor einem tatsächlichen körperlichen Angriff, den er selbst für nicht sehr wahrscheinlich hielt, sondern vielmehr davor, irgendwie von der Vitalität der anderen überwältigt zu werden.

Übung zur Erdung

Obwohl David über reichlich körperliche Vitalität verfügte, fühlte er sich dadurch, dass er nach oben verschoben in seinem Körper lebte, wie eine „halbe Portion". Ich arbeitete mit ihm daran, mehr Erdung zu entwickeln.

Ich bat ihn, sich hinzustellen und zu spüren, dass er in seinen Füßen war und sie bewohnte. Die Füße sind ein sehr kraftvolles Fundament, wenn wir sie vollständig, also von den Zehen bis zu den Fersen, bewohnen.

Dann wies ich ihn an, wahrzunehmen, dass es zwischen ihm und dem Boden keine Trennung gab. Das konnte er zwar spüren, doch jedes Mal, wenn er einatmete, hob er sich aus seinen Füßen heraus nach oben und begab sich wieder in den obersten Teil seines Körpers. Ich sagte ihm, er solle in seinen Füßen sein und seinen Atem sich daran anpassen lassen. Um in seinen Füßen bleiben zu können, während er atmete, musste er eine andere, den ganzen Körper einschließende Atmung finden.

Ich fuhr mit der Übung fort und bat David, seine Knöchel zu bewohnen und die innere Kontinuität zwischen seinen Knöcheln und seinen Füßen zu spüren.

Dann bat ich ihn zu spüren, dass er seine Beine und sein Becken bewohnte und zu fühlen, dass er *in* seinen Beinen stand, statt auf ihnen.

David mochte das Gefühl, seinen Unterkörper zu bewohnen, nicht. Er sagte, er spüre eine gewaltige Schwere, die ihn an den Boden binde.

„Kann ich denn so laufen?", fragte er.

„Versuchen Sie es", schlug ich vor.

Er machte ein paar langsame, zögerliche Schritte über den Boden meiner Praxis und hielt dann überrascht inne. „Also, ich fühle mich stärker", sagte er.

Manche Körperexperten behaupten, die Menschheit litte darunter, den Evolutionssprung von allen vieren zum aufrechten Stand auf zwei Füßen vollzogen zu haben. Sie meinen, dass das Stehen eigentlich nicht unsere „natürliche" Position sei. Das ist nicht wahr. Wir hätten den Sprung auf zwei Füße nicht gemacht, wenn wir nicht dazu bereit gewesen wären. Wie ich in Kapitel 1 erkläre, können wir, wenn wir aufrecht stehen, einen aufsteigenden Energiefluss empfangen, der sich aus dem Boden kommend durch unseren ganzen Körper bewegt. Diese Energie unterstützt den Körper von innen, macht ihn elastisch und verleiht ihm Leichtigkeit im Stehen. Das geschieht allerdings nur, wenn wir unseren Körper bewohnen, so dass der Körper offen dafür ist, die emporsteigende Energie aufzunehmen.

Ich bat David, die Aufmerksamkeit auf die Mittelpunkte seiner Fersenunterseiten zu richten und sie dann zwischen diesen beiden Punkten auszubalancieren. Dann sollte er die Punkte direkt vor dem Ballen eines jeden Fußes aufsuchen, seine Aufmerksamkeit auch zwischen diesen beiden Punkten ausbalancieren und dann die vier Punkte öffnen, um den aus dem Boden aufsteigenden Energiestrom bis in seine Knöchel hinein aufzunehmen.

Dann bat ich ihn, seine Aufmerksamkeit auf das Innere seiner Hüftgelenke zu richten und sie zwischen diesen beiden Punkten auszubalancieren. Ich ermutigte ihn dazu, die aufsteigende Energie in seine Hüftgelenke aufzunehmen, und im weiteren Verlauf der Übung auch in die Mitte seiner Brust und seine Schultergelenke (um sie von dort aus nach unten in seine Arme fließen zu lassen), in das Zentrum seines Kopfes und schließlich zu spüren, wie sie durch seinen Scheitelpunkt aufwärts zog – und dabei die ganze Zeit die Verbindung zu der Quelle dieses Stroms unterhalb seiner Füße zu spüren. Um jenen emporsteigenden Energiestrom in uns aufzunehmen, müssen wir uns mit unserem gesamten körperlichen Innenraum Richtung Boden niederlassen. Selbst der Scheitel muss sich sanft niederlassen, damit die Energie hindurchfließen kann.

Mit ein wenig Übung befreite dieser Energiefluss aus dem Boden David von der Schwere, die er beim Bewohnen seiner Füße und Beine verspürte. Er fing an, sich durch und durch lebendig zu fühlen.

Die Qualitäten von Kraft und Geschlechtlichkeit

In den Bereichen unseres Körpers, die wir bewohnen, können wir die jeweiligen Seinsqualitäten spüren, die sie ausstrahlen. Umgekehrt hilft uns die Einstimmung auf diese Qualitäten, die entsprechenden Körperbereiche zu bewohnen. Oft vermeiden wir die Anwesenheit in Teilen unseres Körpers, damit wir eine bestimmte Qualität unseres Seins nicht spüren müssen.

Ich arbeitete mit David daran, sich auf die Qualität seiner Kraft in seiner Körpermitte und die Qualität seiner Geschlechtlichkeit in seinem Becken einzustimmen. David war sehr zögerlich, die Qualität seiner Kraft zu spüren. Er hatte Angst, dass er dann gewalttätig werden würde, genau wie sein Vater. Also begannen wir damit, dass er seinen Brustraum bewohnte und sich auf die Qualität von Liebe einstimmte. Es war für David erleichternd und tröstlich, in seiner Brust Liebe vorzufinden. Es war keine Liebe zu einer bestimmten Person. Sie gehörte zu seinem eigenen Sein, ein Gefühl, das als Teil seiner essenziellen Natur immer da sein würde, selbst wenn er allein war. Es war zudem eine Bereitschaft, andere zu lieben, ein Potenzial, auf andere einzugehen, aus der Tiefe seiner Brust heraus.

Dann bat ich ihn, den Innenraum seiner Körpermitte und seinen Brustraum gleichzeitig zu bewohnen. In unserem Körper gibt es Platz für Liebe und für Kraft. Wenn man sie gleichzeitig spürt, werden sie beide bestärkt. Da er sich durch die Präsenz seiner Liebe sicher fühlte, konnte David sich auf die Kraft in seiner Körpermitte einstimmen, wodurch wiederum die Liebe in seiner Brust bekräftigt wurde. David weinte, als er diese Integration zum ersten Mal fühlte. Er empfand plötzlich Mitgefühl für seinen Vater, der dieses Gefühl nicht gekannt hatte. „Das hätte er gewollt", sagte er zu mir, „Ich weiß, dass er das gerne hätte fühlen wollen."

Zusammensein mit anderen Menschen

Als David anfing, seinen gesamten Körper zu bewohnen, musste er sich seiner Angst und seinem Misstrauen anderen Menschen gegenüber stellen. Die körperliche Verschiebung nach oben bedeutete, dass er immer ein wenig oberhalb der anderen gelebt hatte. Er fühlte sich ihnen nicht unbedingt überlegen, es war eher so, als ob er in einer anderen Sphäre lebte, in der er sich nicht mit den anderen befassen brauchte. Das damit einhergehende Gefühl der Isolation akzeptierte er als notwendig für seine Konzentration auf das spirituelle Leben. In einer gewissen Phase seiner spirituellen Praxis mag Isolation hilfreich gewesen sein. Aber weil seine Isolation Resultat von Haltemustern in seinem Körper war, musste er das schützende Eremitendasein aufgeben, um sich wirklich loszulassen.

Da unsere spirituelle Dimension unseren ganzen Körper durchzieht, besteht spirituelle Reife nicht darin, sich über unsere Menschlichkeit zu erheben; eher kann man sie als Kulmination unserer Menschlichkeit verstehen. Sie ist nicht verschieden von dem gewöhnlichen Bereich des Menschlichen; es ist unsere subtilste Einstimmung auf diesen Bereich. Die spirituelle Dimension ist genau hier, jetzt und alles durchdringend. Wenn wir das schützende Greifen nach uns selbst sein lassen, landen wir auf der leuchtenden, transparenten Erde.

Eines Tages, während ich David gerade durch die erste Übung des Realization Process führte, bemerkte ich, dass die Integration in seinem Körper zwar zunahm, es jedoch noch immer eine Fragmentierung gab zwischen seinen Augen und allem, was sich darunter befand. Als wir zu dem Teil der Übung kamen, bei dem er seine Augen bewohnen sollte, bat ich ihn, seine Augen weich werden zu lassen, so dass er sie als kontinuierlich mit dem Rest seines Gesichts wahrnahm. Zwar hatte er diese Anweisung schon viele Male zuvor gehört, aber dieses Mal gelang es ihm, seine Augen wirklich loszulassen, und währenddessen vereinigte sein gesamter Körper sich noch tiefer und vollständiger. Als er jedoch seine Augen öffnete und mich ansah, kehrte die Fragmentierung zurück. Ich fragte ihn, ob er mit offenen Augen dieselbe Kontinuität zwischen seinen Augen und dem Rest seines Gesichts spüren konnte. Als er das tat, entstand zum ersten Mal eine liebevolle Resonanz zwischen seinem Körper und dem meinigen. Wir befanden uns im selben Raum. Dadurch, dass er sich mehr in seinen Körper begab, entstand ein natürlicher Kontakt und ein spontaner energetischer Fluss zwischen ihm und anderen Menschen.

David hatte oft davon gesprochen, „über das Ego hinaus“ gelangen zu wollen. Der Begriff „Ego“ hat viele Bedeutungen, doch die Aufgabe des schützenden Egos ist es in erster Linie, uns davor zu bewahren, dass sich durch andere Menschen jene Verletzungen und Demütigungen wiederholen, die wir in unseren frühesten Beziehungen erlitten haben. Wenn wir jenseits dieses Egos gelangen, öffnen wir uns für andere Menschen.

Für die meisten sensiblen Menschen ist das größte Hindernis dafür, sich anderen zu öffnen, die Angst, von ihnen überwältigt oder vernichtet zu werden. Wenn wir in unserem eigenen Körper bleiben, können wir sie in uns aufnehmen und zulassen, von ihnen bewegt zu sein, ohne dabei die essenzielle Stille und Gegenwärtigkeit unserer wahren Identität zu verlieren. Wir können gleichzeitig präsent und empfänglich sein.

Als David sich daran gewöhnt hatte, sowohl präsent in seinem Körper als auch offen anderen Menschen gegenüber zu sein, fühlte er sich nicht länger von ihnen bedroht oder überwältigt. Er erzählte, dass er sich mit anderen verbunden fühlen konnte, ohne dabei wie sie sein zu müssen.

Für David lag der größte Nutzen des vollständigen Bewohnens seines Körpers darin, wie es seine spirituelle Erfahrung veränderte. Durch das Bewohnen seines Körpers betrat er eine ihm bislang unbekannte subtile Dimension seiner selbst. Er beschrieb es als ein Gefühl, als ob sein ganzer Körper aus Licht bestünde, und zwar aus dem gleichen Licht, das er auch oberhalb seines Kopfes spürte. Jetzt konnte er dieses Licht auch in anderen Menschen spüren oder sogar sehen. Er sagte, dass er seit Jahren darüber gelesen, jedoch daran gezweifelt habe, ob das überhaupt möglich sei: dass jeder Mensch und sogar jedes Ding aus dem gleichen Geist, dem gleichen spirituellen Licht besteht.

Die innere Mitte stärken

Im letzten Abschnitt haben wir uns dem weit verbreiteten Problem gewidmet, mehr im oberen als im unteren Teil des Körpers zu leben, das spirituell offene Menschen besonders betrifft. Es gibt noch eine andere Art mangelnder Erdung, die nicht in einer Verschiebung nach oben besteht. Sie besteht in einem Muster von Diffusität oder Zerstreutheit. Diffuse

Menschen haben Schwierigkeiten, sich in sich selbst zentriert zu fühlen. Sie fühlen sich ein wenig benebelt und unkoordiniert, und oftmals sieht man ihnen das auch an. Sie erwecken den Eindruck, sich irgendwie nach außen in den sie umgebenden Raum zu verstreuen.

Laura kam zu mir, weil sie im Alter von vierzig fand, dass sie noch nicht zu der Person geworden war, die sie sein wollte, weder beruflich noch in ihren Beziehungen. Sie war Autorin, hatte mehrere Gedichte in großen Magazinen veröffentlicht und arbeitete jetzt unter einigen Schwierigkeiten an ihrem ersten Roman. Sie sagte, dass sie ihre Gedichte immer innerhalb von zwei oder drei Wochen fertiggestellt habe, doch die Konzentration auf das größere Projekt des Romans aufrechtzuhalten falle ihr sehr viel schwerer.

Laura war von fragiler, ätherischer Beschaffenheit. Ich stellte fest, dass ich mütterliche Gefühle für sie hatte, als ob ich auf ein Bedürfnis nach Versorgung reagierte. Doch als wir beieinander saßen, spürte ich, dass wir nicht richtig miteinander in Kontakt kamen. Sie lächelte oft und war höflich und liebenswürdig, aber zwischen uns fehlte dennoch irgendetwas. In unseren Gesprächen schien sie mehr mit sich selbst als mit mir zu sprechen. Ich nahm Lauras Energie als große Wolke um ihren Kopf herum wahr, während das Innere ihres Körpers eigentümlich unausgefüllt oder leer zu sein schien. Das verlieh ihr eine diffuse, wässrige Qualität, so, als ob sie nicht ganz bei mir und im Zimmer anwesend sei.

Laura war sich ihrer Schwierigkeiten in Bezug auf soziale Kontakte durchaus bewusst. Ihre unbeholfenen Versuche, mit anderen in Beziehung zu treten, hinterließen in ihr Gefühle von Mangelhaftigkeit und Scham. Zwar war sie froh, mit mir über ihre Kindheit sprechen zu können, aber sie war bereits viele Jahre bei verschiedenen Therapeuten in Behandlung gewesen und hatte doch den Schlüssel nie gefunden, um sich von ihren Schwierigkeiten zu befreien. Im Verlauf mehrerer Wochen schilderte sie mir ihre große, relativ harmonische Familie. Sie war das mittlere von sieben Geschwistern. Obwohl sie sich von all ihren Familienmitgliedern geliebt fühlte, kam sie sich auch oft übersehen vor. Sie erinnerte sich, viel Zeit tagträumend „in ihrer eigenen Welt" verbracht zu haben. Sie hatte herausgefunden, dass sie die Geschäftigkeit und den

Lärm ihrer Familie einfach herausfiltern und sich der Träumerei überlassen konnte. Sie konnte sich erinnern, in der Schule von Klassenkameraden gehänselt worden zu sein, doch die Anwesenheit der anderen Kinder war in ihrer Erinnerung irgendwie gedämpft, als ob ihre Stimmen sie nicht wirklich erreichten.

Heute fühlte sie sich immer noch unerreichbar, allerdings auch gefangen in diesem Zustand. Sie wusste, dass sie die Welt um sie herum gewohnheitsmäßig abdämpfte, wie sie es schon in ihrer Kindheit getan hatte, war aber ahnungslos, wie sie das ändern konnte. Sie beschrieb das Gefühl, „in die Atmosphäre zerstreut" zu sein. Sie brachte dieses diffuse Gefühl auch mit dem Schreiben in Verbindung, mit ihrer Fähigkeit, sich in ihre Vorstellung hineinzubegeben und Worte und Bilder zu empfangen, die dann zu ihren Gedichten wurden. So wie David Angst hatte, seine spirituelle Offenheit zu verlieren, wenn er sich nach unten in seinen Körper begäbe, hatte Laura Angst, ihre Kreativität einzubüßen, wenn sie ihre Diffusität ablegte.

Laura begriff, dass sie sich aus dem hektischen Umfeld in ihrem Elternhaus zurückgezogen hatte, um ihre eigenen Gedanken hören zu können. Sie musste sich ihre eigene Insel innerhalb dieses Umfelds schaffen, damit der sie umgebende Tumult nicht in die prächtige Welt ihrer Fantasie eindrang. Sie lernte, fügsam und freundlich zu sein, um niemanden merken zu lassen, dass sie nicht wirklich anwesend war.

Laura spürte außerdem, dass sie als mittleres Kind von den Bündnissen innerhalb der Familie ausgeschlossen blieb. Ihre jüngeren und älteren Geschwister bildeten je eine Einheit, während sie selbst ohne enge Beziehungen übrig blieb. Von ihren Eltern fühlte sie sich ebenfalls getrennt. Sie schienen keine Zeit zu haben, sich um irgendetwas zusätzlich zu dem zu kümmern, was notwendig war, um die Familie satt und sauber zu halten und ihr ein Dach über dem Kopf zu bieten.

Aber es war noch mehr als das. Laura fühlte sich irgendwie anders als alle anderen in der Familie. Als ob sie „aus einem anderen Stoff" gemacht sei, sagte sie. Machte sie tatsächlich einmal den Versuch, beim Abendessen oder anderen familiären Zusammenkünften von ihren Gedanken zu erzählen, kam es ihr vor, als ob ihr lauter leere Blicke begegneten, so, als ob sie gar nichts gesagt hätte. Die Größe ihrer Familie verstärkte ihr Gefühl der Einsamkeit noch. Aus der Verständnislosigkeit, die sie bei so vielen Leuten hervorrief, schloss sie, dass sie sehr seltsam sein müsse. Es schien, dass die einzige Gesellschaft, die sie wirklich zufrieden machte, ihre eigene war.

Nun rief allein die schlichte Tatsache, für die Dauer einer einstündigen Sitzung mit mir in einem Raum zu sein, in ihr Angst hervor, den Kontakt zu sich selbst zu verlieren oder sich mir versehentlich zu offenbaren und auf Unverständnis zu treffen. Als sie mir das anvertraute, wurde ihr bewusst, dass sie wirklich fürchtete, auf mein Unverständnis zu stoßen. Das, so sagte sie, würde in ihr das Gefühl hervorrufen, von mir vernichtet zu werden.

Als wir dieser Angst auf den Grund gingen, wurde klar, dass ihre sozialen Ängste auch ihre kreative Arbeit beeinträchtigten. Zunächst hatte Laura geglaubt, das Schreiben ihres Romans falle ihr aufgrund der nötigen Konzentration schwer. Sie war verwundert, da ihre Gedichte, obwohl in kürzerer Zeit fertiggestellt, ebenfalls stundenlanges konzentriertes Arbeiten am Computer erforderten. Als sie darüber sprach, wurde ihr bewusst, dass nicht die Konzentration das Problem war, sondern vielmehr die Möglichkeit, dass das Buch von vielen Leuten gelesen werden würde. Im Gegensatz zu ihren Gedichten, die in unbekannten Zeitschriften verschwanden, stellte sie sich ihr Buch vor, wie es deutlich sichtbar in den Regalen der Buchhandlungen stand, vielleicht sogar in wichtigen Publikationen besprochen und von einem großen Publikum gelesen wurde. Obwohl sie wusste, dass es irrational war, hatte sie schreckliche Angst davor, dass die Leser in ihre mentale Insel eindringen und ihren Frieden stören könnten. Um ihren Roman schreiben zu können, musste sie ihre Angst davor auflösen, für andere Menschen zugänglich und sichtbar zu werden, ebenso wie ihre Furcht vor deren Reaktionen auf sie.

Laura hatte sich zu der Arbeit mit mir entschlossen, weil sie wusste, dass ich psychische Probleme auf anderen Wegen anging als lediglich durch Gespräche. Dennoch widerstrebte es ihr, die Übungen des Realization Process zu erlernen. Alles, was „spirituell“ war, jagte ihr Angst ein. Sie hatte bislang nur ein einziges Mal versucht, zu meditieren, und hatte dabei das furchterregende Gefühl gehabt, sich in Luft aufzulösen, sobald sie die Augen schloss. „Ich habe wirklich keine Ahnung, wohin ich gegangen bin“, sagte sie zu mir, „aber ich weiß, dass ich nie wieder dorthin will.“

Menschen wie Laura, die viel Energie haben, können in der Meditation manchmal in einer „Trance“ entschwinden. Mit Trance meine ich, dass sie ihre Energie aufwärts oder nach außen bewegen, von ihrem Körper weg, und den Innenraum ihres Körpers leer zurücklassen. Diese Erfahrung kann, vor allem, wenn sie unerwartet und ohne Erklärung auftritt, sehr erschreckend für die meditierende Person sein. In manchen religiösen Gruppen werden Trancezustände kultiviert, in denen die Praktizierenden sich darum bemühen, leer zu werden, um beispielsweise Geister oder Botschaften aus der geistigen Welt zu empfangen. Diese Art Erfahrung ist etwas ganz anderes als das Erwachen zu unserer ganzheitlichen, durchdringenden, spirituellen Essenz. Im Realization Process „gehen“ wir nirgendwo hin. Stattdessen sind wir genau hier, und zwar auf eine bewusstere, subtilere Art. Wir fühlen uns präsent und körperlich und nehmen dabei wahr, dass wir aus leerem Raum bestehen.

Die subtile Mitte des Körpers

Ich begann, Laura die Übung des Realization Process beizubringen, bei der man sich in die subtile Mitte des Körpers begibt und in ihr atmet. Wie ich in Kapitel 2 beschrieben habe, ist dieser innerste Kanal unsere Eintrittspforte in den alles durchdringenden Raum essenziellen Bewusstseins. Außerdem eröffnet er uns den tiefsten Kontakt mit unserem individuellen Sein und die tiefste Perspektive auf unsere Umgebung. Er ermöglicht uns Distanz zu unserer Umgebung und zugleich Einheit mit ihr. Das bedeutet, dass wir nicht zwischen der Verbundenheit mit uns selbst und der mit anderen Menschen wählen müssen. Für Laura würde die Fähigkeit, in ihrer eigenen Mitte zu leben, bedeuten, dass sie die Welt nicht länger abdämpfen müsste, um die Verbindung zu ihren eigenen Gedanken und ihrer Kreativität zu schützen.

Zu Beginn bat ich Laura, die Augen zu schließen und ihre Aufmerksamkeit auf das Zentrum ihres Kopfes zu richten. Dieser Punkt befindet sich im Zentrum des Kopfinneren. Er ist nicht auf der Stirn oder auf dem Scheitel; er liegt zwischen den Ohren in der innersten Tiefe des Kopfes. Wie viele Menschen fand Laura zunächst einen Punkt oberhalb ihres Kopfzentrums. Ich fragte sie, ob sie in ihrem Kopf ein wenig nach unten gehen könne, bis sie allein dadurch, dass sie in ihrem Kopfzentrum war, eine automatische Resonanz oder feine Vibration entlang ihrer gesamten Mittellinie verspürte. Es fiel ihr schwer. Sie sagte, dass sie bloß „Verschwommenheit" in ihrem Kopfzentrum wahrnehme.

Ich brachte ihr eine Übung bei, die ihr den Zugang zum Innenraum ihres Kopfes erleichtern sollte. Ich bat sie, beginnend bei beiden Ohren je eine imaginäre Linie zu ziehen und die beiden Linien dann im Zentrum ihres Kopfes zusammenzuführen. Wie vielen anderen Menschen auch fiel es ihr bei dem einen Ohr leichter, die Linie zu ziehen, als bei dem anderen. Mit ein wenig Übung war sie allerdings in der Lage, eine Linie von jedem Ohr aus zu ziehen und beide Linien in der Mitte des Kopfes zusammentreffen zu lassen. Dann bat ich sie, entlang der Linie von Ohr zu Ohr zu summen. Sie lachte zwar über diese alberne Aufforderung, folgte ihr aber bereitwillig und summte entlang der imaginären Linie zwischen ihren Ohren.

Jetzt konnte sie ihr Kopfzentrum etwas deutlicher lokalisieren.

„Initiieren Sie jetzt Ihren Atem innerhalb Ihres Kopfzentrums, als ob es dort Luft gäbe, die Sie atmen können", fuhr ich fort.

Laura war überrascht, die Bewegung ihres Atems tatsächlich ein wenig in ihrem Kopfzentrum wahrnehmen zu können. „Es ist sehr fein", sagte sie.

„Ja", stimmte ich zu, „es fängt als eine sehr leichte Bewegung an, aber wenn Sie geübter sind, werden Sie es deutlicher spüren." Sie konnte außerdem eine schwache Resonanz oder Vibration entlang ihrer gesamten vertikalen Mitte spüren, während sie innerhalb ihres Kopfzentrums atmete.

Dann versuchte sie, den Atem innerhalb eines Punktes in der innersten Mitte ihrer Brust und ihres Beckens zu initiieren und verspürte beim Atmen in jedem der Zentren dieselbe Vibration durch ihre gesamte vertikale Mitte.

Für Laura war es am schwierigsten, ihre Aufmerksamkeit auf die Mitte ihres Brustraums zu richten und dort zu atmen. Anstatt den Atem von *innerhalb* dieses Punktes zu initiieren, führte sie ihren Atem auf den Punkt *zu*. Ich stand neben ihr und legte meine Fingerspitzen auf ihren Rücken, direkt hinter ihr Brustzentrum. Ich bat sie, ihren Geist auf meine Hand zu richten. Als sie das tat, forderte ich sie auf, ihren Atem genau hier zu beginnen, wo sie meine Hand spürte, und zu fühlen, wie sich der Atem in diesem Punkt bewegte, noch bevor sie spürte, wie er durch ihre Lungen floss. Als Laura merkte, dass sie den Atem von diesem tiefen Ort in ihrer Brust aus initiieren konnte, begann sie zu schluchzen.

„Ich weiß nicht, warum ich weine“, sagte sie. „Ich fühle mich traurig, aber auch erleichtert. Es ist, als ob ich weg gewesen sei und jetzt endlich wieder da bin.“

Das Atmen innerhalb des Brustzentrums kann dabei helfen, etwas von der Traurigkeit zu befreien, die wir seit unserer Kindheit in der Brust festhalten. Viele Menschen gebrauchen spontan die Metapher des „nach Hause Kommens“, um dem tiefen Kontakt zu sich selbst Ausdruck zu verleihen, der mit dieser Befreiung einhergeht.

Als es für Laura leichter wurde, in jedem dieser drei Punkte zu atmen, bat ich sie, ihre Aufmerksamkeit auf alle drei gleichzeitig zu richten. Dann bat ich sie, genau das gleiche noch einmal mit geöffneten Augen zu tun. „Normalerweise erleben wir unsere Umwelt von unserer Oberfläche aus“, sagte ich. „Schauen Sie mal, wie es ist, den Raum von der Mitte Ihrer selbst aus wahrzunehmen.“ Laura war überrascht, wie anders sich das anfühlte. „Alles scheint weiter weg, doch irgendwie klarer oder frischer“, sagte sie. „Aber es ist ein wenig einsam.“

Laura lachte, als sie sich das sagen hörte, da sie mir gerade erst erzählt hatte, welche Mühen sie auf sich genommen hatte, nur um allein zu sein. Ihre Worte reflektieren eine sehr wichtige Tatsache bezüglich unserer Selbstschutzmuster. Wir erzeugen diese Muster, indem wir unsere Energie erstarren lassen und unsere Muskeln chronisch anspannen, um eine Barriere zwischen uns und unserer Umgebung zu errichten und damit die Wirkung der Ereignisse in unserer Umgebung auf uns zu begrenzen. Lauras diffuses Muster wurde beispielsweise von chronischen Spannungen in ihrem Kopf und ihrer Brust aufrecht gehalten. Die Spannungen in den schützenden Mustern machen es unmöglich, unseren Körper vollständig zu bewohnen. Statt in uns selbst leben wir in der defensiven

Barriere, die wir zwischen uns und der Außenwelt erschaffen haben. Das schränkt unsere Fähigkeit ein, mit anderen Menschen und auch mit uns selbst in Kontakt zu kommen.

Paradoxerweise hält uns die Barriere, die uns vor unserem Umfeld beschützen soll, in Wirklichkeit in der Verstrickung mit dem Umfeld gefangen. Das rührt daher, dass unsere Abwehr stets in Bezug auf die Außenwelt stattfindet. Sie ist immer ein fixiertes Energiemuster des Selbst in Beziehung zum Anderen. Es beinhaltet und bewahrt die Erinnerung an die problematische Beziehung zu unserer Umwelt. Ob wir uns nun nach innen zurückziehen, uns zerstreuen, blockieren oder unsere Umgebung von uns wegschieben – das fixierte energetische Haltemuster hält uns in der alten Beziehung zu der Umwelt, vor der wir uns geschützt haben. Lauras diffuses Muster enthielt die Erinnerung an ihre ungestüme Familie, auch wenn es sie vor ihr beschützt hatte. Es isolierte sie und leistete ihr zugleich Gesellschaft.

In der subtilen Mitte ihres Körpers zu leben, würde für sie bedeuten, ihre alte Beziehung zu dem Umfeld ihrer Kindheit wirklich loszulassen. Es würde bedeuten, dass sie ganz allein mit sich wäre, dass ihr Innenleben voller Gedanken und Gefühle ganz privat wäre. Laura war überrascht, dass sie bei dem Gedanken daran, ihre Familie gehen zu lassen, weinen musste. „Wie werde ich ohne sie weiterleben?", fragte sie. Dann wurde ihr klar, dass sie die ganze Zeit darauf gewartet hatte, endlich von ihnen akzeptiert zu werden. „Wenn ich sie loslasse, wird es mir niemals möglich sein, Teil der Familie zu werden."

Die innere Reifung

In den folgenden Wochen begann Laura, sich in rasantem Tempo und deutlich sichtbar zu wandeln. Jedes Mal, wenn ich sie sah, kam sie mir substanzieller und konzentrierter vor. Es war, als ob eine neue Lebendigkeit sich immer tiefer in ihrem Körper ausbreitete. Statt jener diffusen, wolkenhaften Qualität war nun wirklich jemand da.

Sie fing zum ersten Mal in ihrem Leben an, ihre Verschiedenheit von ihren Geschwistern wertzuschätzen. „Sie kriegen nicht so viel mit wie ich", sagte sie. „Ich schätze, deswegen haben sie sich auch nie dafür interessiert, was ich zu sagen hatte." Sie hatte sich seit jeher „zarter und langsamer" als der Rest ihrer Familie gefühlt. Jetzt erkannte sie, dass diese Eigenschaften, die es ihr so schwer gemacht hatten, bei den Sticheleien beim Abendessen mitzuhalten, ihr gestatteten, der Welt um sie herum mit einer feineren Wachsamkeit zu begegnen. Durch diese Anerkennung konnte sie mit ihren Familienmitgliedern von der Mitte ihrer Selbst aus Kontakt aufnehmen, ohne ihre eigene Art und Weise aufzugeben. Sie konnte zulassen, dass ihre Beziehung zu ihrer Familie so war, wie sie eben in dem jeweiligen Zusammensein war. Als sie anfing zu akzeptieren, dass sie möglicherweise niemals wirklich von ihrer Familie verstanden werden würde, gab sie sich auch mehr Mühe, Freundschaften mit ihr ähnlicheren Menschen zu pflegen.

Im Verlauf des Jahres, in dem wir zusammen arbeiteten, fühlte sie sich zusehends wohler in sozialen Situationen und spürte, dass sie ganz nah bei sich selbst und dabei in Kontakt mit anderen Menschen sein konnte. Außerdem gestattete sie sich, sich aus sozialen Situationen zurückzuziehen, wenn sie sich „übermannt" fühlte und akzeptierte, dass sie nach wie vor manchmal ihre eigene Gesellschaft vorzog.

Ich ging dazu über, Laura die Übung 1 des Realization Process (siehe Seite 47) beizubringen: die Einstimmung auf den Raum, der Körper und Umfeld in Einheit durchzieht. Anfänglich war sie etwas ängstlich davor, sich „im Raum aufzulösen", wie es ihr in ihrer früheren Meditation passiert war. Doch ihre Fähigkeit, in der Mitte ihrer selbst zu leben, half ihr dabei, die Transparenz des essenziellen Bewusstseins wahrzunehmen, ohne den Innenraum ihres Körpers zu verlassen. Der Raum ist Präsenz selbst, er ist Bewusstsein selbst.

Laura berichtete auch, dass es mit ihrem Roman voranging. Sie beschrieb, wie sie jetzt ihrer Kreativität vollständig Raum geben konnte. Während sie zuvor lediglich die Worte um ihren Kopf herum empfangen hatte, schienen sie jetzt aus der leeren, lauschenden Präsenz ihres ganzen Wesens hervorzusprudeln. Sie sagte, dass sie oft eine Mischung aus Stärke und Großzügigkeit empfand, während sie ihre persönliche, einzigartige Sicht auf die Welt zum Ausdruck brachte, wer auch immer es vielleicht einmal lesen mochte.

Übung 10 Einstimmung mit einem Partner von Mitte zu Mitte

Setzten Sie sich zu zweit einander gegenüber, aufrecht und mit geöffneten Augen. Folgen Sie beide gleichzeitig den Anweisungen.

Richten Sie Ihre Aufmerksamkeit auf das Zentrum ihres Kopfes, das sich zwischen Ihren Ohren befindet, exakt in der Mitte des Innenraums Ihres Kopfes. Nehmen Sie nun Blickkontakt miteinander auf, während Sie sich des Raums zwischen Ihnen bewusst bleiben. Die Bewusstheit über den zwischen Ihnen befindlichen Raum während des Blickkontakts mag dazu führen, dass Sie sich etwas weiter von Ihrem Partner entfernt fühlen. Das ist Ihre wahre Distanz. Oft ziehen wir Menschen mit unseren Augen näher an uns heran oder verschmelzen gar energetisch mit ihnen. Wir können unsere Augen auch dazu benutzen, um Menschen von uns wegzuschieben.

Richten Sie Ihre Aufmerksamkeit wieder auf die Mitte Ihres Kopfes. Richten Sie sie von dort aus auf das Kopfzentrum Ihres Partners. Verlassen Sie dabei aber nicht Ihren eigenen Kopf. Vielleicht spüren Sie eine Resonanz zwischen Ihrem eigenen Kopfzentrum und dem Ihres Partners.

Richten Sie vom Kopfzentrum aus Ihre Aufmerksamkeit auf Ihr Herzzentrum, in der Mitte Ihrer Brust, tief innen in der Mitte Ihres Körpers. Nehmen Sie jetzt Augenkontakt auf, während Sie sich des zwischen Ihnen liegenden Raums bewusst werden. Richten Sie Ihre Aufmerksamkeit wieder auf Ihr Herzzentrum. Richten Sie sie von Ihrem Herzzentrum aus auf das Herzzentrum Ihres Partners. Achten Sie darauf, Ihr eigenes Herzzentrum nicht zu verlassen, während Sie das tun.

Richten Sie Ihre Aufmerksamkeit wieder auf Ihr Kopfzentrum. Richten Sie sie von dort aus auf Ihr Beckenzentrum, zwei bis drei Fingerbreit unter dem Nabel in der subtilen Mitte Ihres Körpers gelegen. Nehmen Sie nun Blickkontakt auf und bleiben Sie sich währenddessen des zwischen Ihnen liegenden Raums bewusst. Richten Sie Ihre Aufmerksamkeit wieder auf Ihr Beckenzentrum. Richten Sie sie von Ihrem eigenen Beckenzentrum aus auf das Beckenzentrum Ihres Partners.

Üben Sie jetzt mit allen drei Punkten. Richten Sie Ihre Aufmerksamkeit wieder auf Ihr Kopfzentrum. Richten Sie sie auf Ihr Kopfzentrum und Ihr Herzzentrum zugleich. Richten Sie sie auf Ihr Kopfzentrum, Ihr Herzzentrum und Ihr Beckenzentrum zugleich. Nehmen Sie nun Blickkontakt auf, und bleiben Sie sich dabei des zwischen Ihnen liegenden Raums bewusst. Richten Sie Ihre Aufmerksamkeit wieder auf alle drei Punkte in Ihrem eigenen Körper. Richten Sie sie von dort aus auf die gleichen drei Punkte im Körper Ihres Partners.

Diese Übung kann auch mit jedem der Chakren durchgeführt werden, einschließlich den sich über dem Kopf befindlichen.

Übung 11 Präsenz und Empfänglichkeit

Diese Übung wird mit einem Partner durchgeführt, wobei jede Person abwechselnd der oder die Empfangende ist.

Setzen Sie sich Ihrem Partner gegenüber. Beginnen Sie damit, zu spüren, dass Sie Ihren Körper bewohnen, dass Sie im gesamten Innenraum Ihres Körpers leben. Lassen Sie sich Ihre Präsenz innerhalb Ihres Körpers wahrnehmen. Bleiben Sie in Ihrem Körper und lassen Sie sich die Präsenz der anderen Person in Ihrem Brustinnenraum wahrnehmen. Ziehen Sie die Person nicht zu sich heran und schieben Sie sie auch nicht weg, sondern nehmen Sie die Schwingungen oder Qualitäten, die von ihr ausgehen, in Ihrem eigenen Brustraum auf. Üben Sie jetzt, die Person in Ihrem gesamten Körper aufzunehmen.

Wenn beide Partner an der Reihe waren, können Sie beide gleichzeitig üben, die andere Person in sich aufzunehmen. Bleiben Sie in Ihrem eigenen Körper präsent, während Sie das tun.

Diese Übung kann auch allein durchgeführt werden. Seien Sie in Ihrem Körper präsent und nehmen Sie die Präsenz der anderen Menschen, denen Sie im Laufe des Tages begegnen, in sich auf.

Kapitel 6

Das Weinen der Welt hören: Die Herausforderung, glücklich zu sein

In der buddhistischen Tradition wird eine Person, von der man sagt, sie höre das Weinen der Welt, als *Bodhisattva* bezeichnet. Äußerste Sensibilität für die Gefühle anderer und das spontane Entstehen von Mitgefühl in Reaktion auf Leiden ist Teil von spiritueller Offenheit. Sie können sich zu der bedingungslosen Liebe und dem Mitgefühl spiritueller Reife entwickeln.

Kinder mit dieser Art von Offenheit haben noch nicht die innere Stärke ausgebildet, um der emotionalen Intensität standzuhalten, die sie um sich herum spüren. Auch verfügen sie noch nicht über die Perspektive, um die Gefühle einer anderen Person von den eigenen zu unterscheiden. Ihre emotionale Sensibilität kann ihre emotionale Entwicklung sogar hemmen, weil sie vielleicht nie den inneren Frieden oder die Distanz finden, die notwendig sind, um emotionale Resilienz zu entwickeln. Sogar als Erwachsene werden sie noch von den Gefühlen, die durch ihr Umfeld strömen, durchgeschüttelt und durchbohrt.

Für Kinder mit dieser Gabe kann es außerdem verwirrend sein, wenn sie einen Widerspruch wahrnehmen zwischen den emotionalen Schwingungen, die sie von den Körpern anderer ausgehend spüren, und einem widersprüchlichen verbalen oder mimischen Ausdruck. Das kann sie dazu veranlassen, sich selbst oder anderen gegenüber misstrauisch zu werden. Oder sie werden zur Vertrauensperson für alle, beziehungsweise zu demjenigen, der sich um die anderen Familienmitglieder kümmert. Ihre emotionale Tiefe und Empathie machen diese Kinder zu idealen Gefäßen für die Sorgen der Familie.

Vielleicht nehmen sie auch wahr, dass ihre eigene emotionale Intensität ihre Eltern überfordert. Oft wachsen sie mit dem Selbstbild auf, emotionaler zu sein, als andere es ertragen könnten. „Ich bin eine schreckliche Heulsuse", sagen sie dann von sich, oder: „Ich flippe immer völlig aus vor Wut." Sie versuchen unter Umständen, ihr eigenes Gefühlsleben einzudämmen, oder umgekehrt aus Verzweiflung ihre emotionalen Reaktionen noch zu verstärken, um sich endlich Gehör zu verschaffen.

Als Erwachsene leiden diese emotional sensiblen Menschen oft weiterhin unter ihrer scharfen Bewusstheit des sie umgebenden Schmerzes. „Wie kann ich mit meinem Leben zufrieden sein, wo es doch so viele unglückliche Menschen gibt?", fragen sie. Besonders heutzutage, da die Medien Kriege, Hungersnöte, Fluten und Erdbeben aus aller Welt direkt in unsere Wohnzimmer transportieren, und wir alle uns vermutlich augenblicklich das Bild eines hungernden Kindes oder das einer Mutter, die in einer ausgebombten Straße über dem toten Körper ihres Sohnes weint, ins Gedächtnis rufen können, kann einem jegliches Eigeninteresse unverzeihlich kleinlich und egoistisch erscheinen. In diesem Lichte kommt es einem dann leicht als schreckliche Zeitverschwendung vor, über die Kränkungen in der längst vergangenen Kindheit zu grübeln oder sich meditativ in die Tiefen des eigenen Seins zu versenken.

Und dennoch suchen diese zutiefst gefühlsbegabten Seelen die therapeutischen Praxen auf. Weil sie feinfühlig für das Unglück in der Welt und sich dabei ihrer eigenen Machtlosigkeit so bewusst sind, kann das Leben für sie unerträglich werden. Zudem können sie sich äußerst einsam fühlen. Möglicherweise begegnen sie nur sehr selten jemandem, der die gleiche Herzenstiefe wie sie selbst besitzt, und so sind ihre Beziehungen oft unbefriedigend. Falls sie dann tatsächlich jemanden treffen, der emotional zu ihnen passt, kann der gegenseitige Gefühlsaustausch mit dieser Person durchaus schwierig für sie sein. Sie können von Kindesbeinen an so an die Rolle desjenigen gewöhnt sein, der Liebe und Fürsorge gibt, dass sie umgekehrt nicht wissen, wie man sie annimmt. Außerdem können sie eine scheinbar widersprüchliche Abhängigkeit von anderen entwickeln. Wenn sie in ihrer Kindheit eine elterliche Rolle übernommen haben, sehnen sie sich möglicherweise nach echter mütterlicher oder väterlicher Umsorgung. Sie können ein verzweifeltes Bedürfnis nach Fürsorge und Trost haben, selbst wenn sie beides von sich fern halten.

Den Schmerz in der Welt aushalten

Als Kathryn zum ersten Mal zu mir kam, entschuldigte sie sich ohne Unterlass. Es tat ihr leid, dass sie wenige Minuten zu spät zu unserer ersten Sitzung erschien, es tat ihr leid, dass sie Schwierigkeiten hatte, meine Frage zu beantworten, warum sie sich entschlossen hatte, die Arbeit mit mir zu beginnen, es tat ihr leid, dass sie mich mit einem Scheck entlohnen musste anstatt mit Bargeld, obwohl ich nicht einmal gesagt hatte, dass ich Bargeld bevorzugte. Sie sprach schnell, mit sanfter, hoher Stimme, und hielt kaum inne, um Atem zu schöpfen. Ihr Gesicht war so ausdrucksvoll und wechselte so rapide von einem Gefühl zum nächsten, dass es mich an die Zeile „the girl with kaleidoscope eyes“ aus einem Beatles-Song erinnerte.

Als ich sie schließlich unterbrach, und sagte, ich sei froh, dass sie gekommen sei, endete ihr Monolog abrupt. Ich lächelte sie an, und einen Augenblick lang schickte sie einen Strahl solch reinen Sonnenlichts zu mir, dass ich eine Woge von Wärme in meinem Herzen verspürte. Dann, ebenso schnell, wurde ihre Miene so bekümmert, dass sich der ganze Raum zu verändern und zu verdunkeln schien. „Ich habe Schwierigkeiten, mich zusammenzuhalten“, flüsterte sie fast. Sie hatte sich so tief in sich zusammengefaltet, dass ich den Eindruck hatte, sie kaum erreichen zu können. „Bitte“, sagte ich mit mehr Dringlichkeit, als ich tatsächlich empfand, „bitte erzählen Sie mir davon.“

Sie begann einen weiteren, ununterbrochenen Strom von Worten. Ihr Vater war sehr alt und lebte allein, er war auf ihre Hilfe angewiesen, würde dies aber niemals zugeben, so dass sie fast darum betteln musste, ihn besuchen zu dürfen, ihre Katzen waren beide krank, sie mussten regelmäßig Injektionen bekommen und mit einer Pipette gefüttert werden, bei jemandem auf der Arbeit war gerade Brustkrebs diagnostiziert worden, die Frau hatte zwei kleine Kinder und keinerlei Unterstützung, also hatte Kathryn angeboten, auf die Kinder aufzupassen während die Mutter bei der Behandlung war, und dann gab es eine alte Frau in ihrem Haus, die Kathryn fast jeden Abend besuchte, um ihr beim Abendessen und Putzen zu helfen, aber neuerdings brauchte die Frau auch Hilfe beim Baden, die Kinder der Frau kamen fast nie vorbei, um nach ihr zu schauen, und professionelle Hilfe konnte sie sich nicht leisten, und die Nachrichten waren voller schrecklicher Meldungen, letzte Woche war eine ganze Familie bei einem Hausbrand zu Tode gekommen, ob ich davon gehört hätte? Sie wusste, dass die meisten Leute diese Dinge filtern konnten, aber sie hatte das noch nie gekonnt.

Während sie sprach, wand und drehte Kathryn ihren dünnen Körper; sie sah in meinen Augen aus wie ein mittelalterlicher Holzschnitt von jemandem, der sich in der Hölle windet. Als ihr schließlich die Worte ausgingen, sahen wir einander in der ramponierten Stille einen langen Moment an. Ihr Schmerz war so tief, dass ich fühlte, wie mir selbst die Tränen kamen.

„Das ist viel zu viel, als dass Sie sich um all das kümmern könnten", sagte ich.

„Ich weiß, ich weiß", antwortete sie. „Aber mein Vater, die Frau auf der Arbeit, die alte Frau im Haus, meine Katzen – ich bin alles, was sie haben. Aber in letzter Zeit bin ich so müde; ich weiß nicht, was ich machen soll." Wieder saßen wir still beisammen. Ich hatte zuvor einen Anflug von Fröhlichkeit in ihrem Lächeln gesehen, und ich wusste, dass diese funkensprühende Wärme ihr Potenzial war, ihre Gabe, wenn sie es nur ganz in Besitz nehmen könnte.

Kathryn war noch nie zuvor bei einem Therapeuten gewesen und es nicht gewohnt, über sich zu sprechen. Seit vielen Jahren hatte sie nicht mehr an ihre Kindheit zurückgedacht. Im Verlauf der ersten Monate unserer gemeinsamen Arbeit schilderte sie mir ganz allmählich die wichtigen Ereignisse ihrer jungen Jahre. Kathryns Mutter war gestorben als sie fünf war. Ihre Erinnerungen an die Krankheit der Mutter, ihren Tod und die Beerdigung waren plastisch und schlossen all ihre Sinne ein. Sie erinnerte sich an das Gesicht ihrer Mutter, dessen Vitalität vom Krebs aufgezehrt war, und den ungewohnten, furchteinflößenden Geruch in ihrem Krankenzimmer. Sie konnte beschreiben, wo der Doktor und ein jedes ihrer Familienmitglieder am Tag, an dem ihre Mutter verstarb, gestanden oder gesessen hatten, genauso wie die Gefühle jedes einzelnen: Trauer, Angst, Resignation und Verwirrung hatten die Atmosphäre erfüllt. Sie erinnerte sich an ihren Wunsch, von jemandem in die Arme genommen zu werden, doch als sie sich umschaute und sah, dass alle selbst in ihre Not und ihren Schmerz versunken waren, wusste sie, dass es niemanden gab, bei dem sie Trost suchen konnte.

Kathryn hatte eine ältere Schwester, die nach dem Tod der Mutter ihre Aufmerksamkeit dem Klavierüben zuwandte und sich jeden Tag stundenlang im Musikzimmer einschloss, sowie einen jüngeren Bruder, der zunehmend zorniger und unnahbarer wurde. Ihr Vater zog sich ebenfalls von der Familie zurück, wenn er erschöpft von der Arbeit kam, versteckte er sich in seinem Schlafzimmer. Seine hauptsächliche Kommunikation mit Kathryn bestand darin, sie zu verspotten, sie vor ihren Geschwistern als albernes Mädchen und spater dann, als sie älter wurde und nach Möglichkeiten der Heilung für sich und ihre Familie suchte, als „New-Age-Spinnerin" hinstellte.

In einer ihrer deutlichsten Kindheitserinnerungen sah Kathryn sich allein am Küchentisch sitzen, wie sie den verschiedenen Geräuschen des Kummers im Haus lauschte. Sie hörte am Timbre der Klaviertöne, wie unglücklich ihre Schwester war, in den Schritten über ihr die unverminderte Trauer ihres Vaters und den Schmerz ihres Bruders in der abweisenden Stille, die aus seinem Zimmer drang.

Auch als Erwachsene war Kathryn noch feinfühlig für den emotionalen Schmerz in ihrem Umfeld. Sie spürte ihn überall – auf der Arbeit, im Supermarkt, in der U-Bahn – die gesamte Menschheit schien zu leiden. Oft war sie sich der Gefühle der anderen deutlicher bewusst als ihrer eigenen. Die Empfindsamkeit für ihre Umwelt verdeckte ihr Gespür für ihre eigenen Bedürfnisse. Für gewöhnlich pflegten ihre Gefühle sie dann zu überrumpeln und durch sie hindurch zu rauschen wie Flutwellen.

Das Ganze hatte allerdings eine gute Seite für sie. Sie konnte nämlich auch überwältigende Freude empfinden. Als sie mir ein Reh schilderte, das sie mitsamt seinem kleinen Kitz gesehen hatte, strömten ihr Tränen der Glückseligkeit über das Gesicht. Auch wenn Kathryn ihre emotionale Empfindsamkeit oft als schmerzlich empfand, genoss sie es, vor Freude „bis ins Innerste erschüttert" zu werden. Sie war ein wenig argwöhnisch, ob ich ihr diese Fähigkeit nicht auf irgendeine Weise nehmen würde.

Ich habe festgestellt, dass die meisten sensiblen Menschen ihre Talente zu schätzen wissen, auch wenn diese Gaben ihnen Kummer bereitet oder den Spott nahestehender Menschen eingebracht haben, und auch, wenn sie nicht von anderen anerkannt oder geschätzt wurden. Kathryn wusste, dass ihre emotionale Empfindsamkeit etwas war, das sie schützen musste, selbst wenn das Leben dadurch manchmal schwer auszuhalten war. Ich beruhigte sie, dass sie weder ihre Gefühlstiefe einbüßen noch gleichgültig gegenüber dem Leid, das ihr begegnete, werden würde. Stattdessen würde sie, wenn sie den festen, spirituellen Boden ihres Seins aufdeckte, in der Lage sein, ihre emotionale Empfindsamkeit zu tolerieren und miteinzuschließen. Je mehr wir uns als die Stille essenziellen Bewusstseins erkennen, desto tiefer können wir unsere Gefühle sich durch diese Stille hindurchbewegen lassen, ohne dass wir uns von ihnen überwältigt fühlen.

Emotionale Toleranz entwickeln

Ich begann damit, Kathryn die Übung zum Bewohnen des Körpers beizubringen. Die Übung fiel ihr leicht, doch nach einigen Monaten zeigte sich, dass sie diese innere Einstimmung auf sich selbst nicht aufrechthielt. Sogar wenn wir die Übung während unserer Sitzungen durchführten, hatte ich den Eindruck, dass sie es eher für mich als für sich selbst tat. Pflichtbewusst bewohnte sie jeden Teil ihres Körpers und öffnete dabei oft ihre Augen, um meinen Gesichtsausdruck abzuschätzen, während ich ihr zusah. Wenn ich ermutigend nickte, schloss sie ihre Augen wieder und fuhr mit der Übung fort.

Jedes Mal, wenn ich sie fragte, wie sie die Übung erlebe, antwortete sie, dass sie sich sehr glücklich und friedlich fühle, während sie ihren

Körper bewohnte. Obwohl die meisten Menschen durch die Verkörperung ihrer selbst tatsächlich ein größeres Ausmaß an Zufriedenheit und Ruhe spüren, müssen sich viele zu Beginn negativen Gefühlen stellen, die dem Selbst-Kontakt im Weg stehen. Für manche Menschen fühlt es sich beispielsweise gefährlich an, ganz im Körper präsent zu sein, weil sie fürchten, dadurch zu deutlich sichtbar zu werden, oder dass die Souveränität und Individualität, die die Verkörperung mit sich bringt, ein Familientabu brechen könnte.

Als ich Kathryn davon erzählte, gestand sie, dass sie sich zwar gut fühle, wenn sie die Übung mit mir mache, sie jedoch nicht in der Öffentlichkeit anwenden wolle. Sie sagte, sie kenne den Grund für ihr Zögern nicht. Ich vermutete, dass sie ihn durchaus kannte, aber Widerstände dagegen hatte, ihn mir zu nennen. Ich bat sie, sich vorzustellen, an einem öffentlichen Ort oder mit Freunden unterwegs zu sein und dabei ihren Körper zu bewohnen. Es gelang ihr nicht, und stattdessen zog sie sich noch weiter zusammen. Schließlich schaute sie mich entschuldigend an und sagte: „Ich weiß, dass das verrückt ist." „Ah ja?", fragte ich. In sich zusammengekrümmt und so leise, dass ich sie kaum hören konnte, sagte sie: „Es ist nur, weil ich so stark bin. Ich will nicht, dass die Leute Angst vor mir haben."

Das also war Kathryns Dilemma. Nun, da es einmal ausgesprochen war, konnte sie mir anvertrauen, dass sie sich schon früh älter, weiser und irgendwie stärker als andere Menschen, insbesondere als diejenigen in ihrer Familie, fühlte, aber geglaubt habe, diese Erkenntnis verstecken zu müssen. Sie sah jetzt, wie sie die ihr zugewiesene Rolle als schwächstes, verrücktestes Mitglied der Familie gespielt und dabei ihr geheimes Wissen über sich selbst zu einer winzigen Kugel in ihrem Bauchraum zusammengepresst hatte. Sie stimmte sich vorsichtig auf die Erinnerungen an die Interaktionen mit ihrem Vater ein und konnte spüren, wie sich seine Anspannung ein wenig löste, während er sie verspottete, und ebenso, wie sie willentlich ihren Selbstrespekt für diese kurzzeitige Linderung seines Schmerzes opferte. Würde sie ihren ganzen Körper bewohnen, dann wäre ihr Geheimnis gelüftet. Sie würde den ihr zugewiesenen Platz im familiären Gefüge verlieren, und sie wäre allein, ausgestoßen. Wie würde ihre Familie weiterleben, ohne ihre Not auf diese Weise herauslassen zu können?

Kathryn würde ihre Rolle in der Familie aufgeben müssen, um ihre wahren Fähigkeiten zu beanspruchen. Kathryn kam es so vor, als akzeptiere sie dadurch ihr Scheitern, den Vater und die Geschwister nicht von ihrem Schmerz erlösen zu können. Sie fürchtete auch, dass ihr Vater Recht haben könnte. Vielleicht war sie ja wirklich ein versponnenes, dummes Mädchen, und ihr heimlicher Glaube an ihren eigenen Wert war lediglich eine Illusion, durch die sie sich besser fühlte.

Viele Psychotherapeuten würden Kathryns Vorstellung ihrer gewaltigen Kraft als Kompensation für ihre Gefühle der Scham und Unterlegenheit interpretieren und ihren Zwang, anderen zu helfen, als eine Möglichkeit, sich wichtiger zu fühlen. Für sie würde die Arbeit mit Kathryn darin bestehen, ihr zu helfen, sich als gewöhnliches, menschliches Wesen zu akzeptieren.

Ich stimme dieser Sichtweise zum Teil zu. Ich spürte, dass Kathryn an der Vorstellung ihrer geheimen Kraft zum Schutz gegen die Angriffe ihrer Familie auf ihren Selbstrespekt festgehalten und sie überhöht hatte. Doch es stimmte auch, dass sie über eine ungewöhnliche Gefühlstiefe und Sensibilität verfügte, und dass keiner der Erwachsenen in ihrer Kindheit in der Lage gewesen war, diese Tatsache zu erkennen oder ihr gerecht zu werden. Ich spürte, dass ihre Reaktion auf das Leid anderer aufrichtig war, und dass das Verantwortungsgefühl, das sie ihnen gegenüber verspürte, ein Impuls aus dieser authentischen Reaktion heraus war. Ich sah meine Aufgabe in der Arbeit mit ihr weniger darin, ihr zu helfen, sich als gewöhnlich, sondern mehr darin, sich als begabt zu akzeptieren – sich als begabtes, menschliches Wesen zu verstehen, anstatt als wahlweise übermenschlichen oder unmenschlichen Sonderling. Wenn sie ihre Talente sich selbst und anderen gegenüber offen anerkennen könnte, dann würde sie sie nicht mehr beschützen, übertreiben oder sich für sie entschuldigen müssen. Außerdem musste sie lernen, die Intensität ihrer emotionalen Reaktionen auszuhalten, so dass diese nicht ihr Gespür für ihre eigenen Bedürfnisse und Grenzen erdrückten.

Das Gefühl, ein Mensch zu sein

Als Kathryn den Mut fasste, ihren Körper zu bewohnen, wurde ihre Angst vor ihrer eigenen, übergroßen Kraft allmählich von dem Gefühl der Erfülltheit ihres Seins abgelöst. Sie sagte, ihre Intensität sei genauso sehr innen wie außen, also würde sie andere Menschen auch nicht überwältigen. „Es fühlt sich sanft und gleichzeitig stark an", sagte sie. Eines Tages, als sie zum Abschluss der Übung ihren Körper als Ganzes bewohnte, sagte sie: „Ich glaube, ich kann den Leuten wirklich besser helfen, wenn ich so in mir bin." „Das glaube ich auch", stimmte ich zu. In unserem Körper zu leben bedeutet, dass wir immer mit der spontanen Quelle unserer Liebe und unseres Mitgefühls verbunden sind.

Dieser Kontakt zu sich selbst half Kathryn auch dabei, ihre Grenzen wahrzunehmen, also zu spüren, wenn die Bedürfnisse oder Bitten anderer ihre Kapazitäten überstiegen. Sie erlaubte sich, ihre emotionalen Gaben wertzuschätzen und fing an, sie mit mehr Bewusstheit und Freundlichkeit sich selbst gegenüber zu nutzen. In den folgenden Monaten entdeckte sie, dass sie eigentlich ziemlich kontaktfreudig war und die Gesellschaft anderer Menschen genoss, diese wiederum mochten zumeist ihre begeisterungsfähige Natur. Ihre emotionale Tiefe trennte sie nicht wie befürchtet von Anderen. Vielmehr trug sie zu ihrem Vergnügen am Kontakt bei.

Emotionen durch die Stille des essenziellen Bewusstseins fließen lassen

Kathryn übte weiter, ihren Körper zu bewohnen und sich auf den klaren Raum essenziellen Bewusstseins einzustimmen, der ihren Körper und alles um sie herum durchzog. Allmählich war sie immer mehr in der Lage, die Bewegung ihrer Gefühle von diesem stillen Urgrund zu unterscheiden. Sie konnte spüren, wie ihre Gefühle durch sie hindurchflossen, als intensive, aber vorübergehende Zustände. Das bedeutete, dass sie nicht länger von ihren emotionalen Reaktionen überwältigt wurde. Sie konnte präsent bleiben, wenn sie in ihrem Körper aufbrausten und wieder abflauten.

Wenn wir uns als essenzielles Bewusstsein erkennen, können wir auch klar zwischen der Gefühlsbewegung im Körper einer anderen Person und der Gefühlsbewegung in unserem eigenen Körper unterscheiden. Das bedeutet, dass wir vielleicht emotional auf den Kummer einer anderen Person reagieren, ihn aber nicht für unseren eigenen halten. In der Sprache spiritueller oder medialer Heiler würde man sagen, wir können das Leid anderer wahrnehmen, ohne es „auf uns zu nehmen“. Wir können die Gefühle eines anderen Menschen sehen, ohne sie in unserem eigenen Körper zu spiegeln.

Die Akzeptanz des Leidens

Eine der größten Herausforderungen bestand für Kathryn darin, sich Zufriedenheit zuzugestehen. Jedes Mal, wenn sie anfing, sich zu entspannen und das Leben zu genießen, fühlte sie sich schuldig. Kathryn kannte dieses Gefühl aus ihrer Kindheit: sobald sie glücklich war, fühlte sie sich schuldig, weil es dem Rest ihrer Familie so schlecht ging. Als Erwachsene schien ihr Gespür für das Leiden anderer die Schlussfolgerung zu untermauern, dass es egoistisch war, glücklich zu sein. Als sie eines Tages damit rang, erzählte ich ihr von der ersten der edlen Wahrheiten des Buddhismus – Leben ist Leiden. Kathryn war nicht mit dem Buddhismus vertraut und fassungslos, dass dort so etwas gelehrt wurde. „Glauben Sie das?“, fragte sie.

„Ich glaube, dass unsere essenzielle Natur reine Freude ist und dass wir das umso mehr spüren können, je offener wir werden“, sagte ich. „Doch offen zu sein bedeutet, dass wir den festen Griff nach uns selbst loslassen. Und dazu gehört es, das Leben so zu akzeptieren, wie es eben ist. Das bedeutet, dass es vermutlich immer Verlust, Wut und Angst in der Welt und auch in uns selbst geben wird.“

„Sie meinen, man sollte nicht versuchen, etwas zu verbessern?“

„Doch, ich glaube, dass es gut ist, zu versuchen, den Menschen zu helfen so gut wir können. Aber wir müssen auch das Leiden um uns herum akzeptieren, genauso wie unser eigenes Leid. Wir müssen in unsere Liebe zur Welt das Leiden miteinschließen.“

Kathryn blieb lange Zeit still. Dann sagte sie: „Ich glaube, dass ich auf das Leben wütend war, weil es so hart ist. Wahrscheinlich war ich die ganze Zeit seit dem Tod meiner Mutter wütend auf Gott. Aber ich weiß, dass es stimmt, jeder leidet, und jeder stirbt, egal, wie sehr jemand anderes diese Person liebt oder braucht. Ich glaube, ich setze mich mal eine Weile damit hin – das Leiden akzeptieren, damit ich auch das Glück akzeptieren kann."

Für sich selbst sorgen

Kaum dass sie bei unserem ersten Termin zur Tür herein gekommen war, schloss Felicia mich auch schon herzlich in die Arme. Sie war weich und rundlich, hatte hellrote Locken und leuchtend blaue Augen. Mit ermunternder, herzlicher Miene machte sie es sich auf der Couch bequem. Als wir uns dann direkt gegenüber saßen, wurde mir allerdings deutlich, dass sie etwas unkonzentriert und diffus war. Sie schien sich auf mich zu projizieren, als ob sie versuche, mit mir in Kontakt zu kommen, indem sie mit mir verschmolz. Mir wurde außerdem eine Schwere in ihrem Brustraum bewusst, so, als ob sie mit dem Gewicht ihrer Lunge eine große Bürde trage.

Wie Kathryn nannte auch Felicia als Grund für den Beginn einer Therapie ihre Unfähigkeit, sich um all die Leute zu kümmern, die sie brauchten. In unserem Gespräch zeigte sich, dass sie darüber sehr wütend und sich der Einseitigkeit ihrer Beziehungen deutlich bewusst war.

Obwohl das Thema unserer ersten Unterhaltung ihre Enttäuschung bezüglich vieler Menschen war, war Felicia bereit, mich in die Rolle ihrer Retterin zu erheben. Sie hatte meine Bücher gelesen, war auf meiner Webseite gewesen; sie wusste einfach, dass ich ihr helfen konnte. Ich spürte, dass diese Idealisierung meiner Person ihren dringlichen Wunsch reflektierte, jemanden zu finden, der sich um sie kümmerte und nicht selbst Hilfe benötigte, jemand, um den sie sich endlich einmal nicht sorgen musste. Und doch musterte sie während unseres Gesprächs meine Augen und meinen Körper, wie auf der Suche nach Anzeichen, ob ich dem Ansturm ihrer Probleme wohl standhalten würde.

Felicia schilderte ihre verzweifelten Versuche, als kleines Kind ihre schwer depressive Mutter zu versorgen und zu heilen. Wenn sie aus der Schule kam, lag ihre Mutter oft bei geschlossenen Vorhängen im Bett. Felicia brachte ihr dann etwas Essen aus der Küche, so dass sie ein wenig Zeit mit ihr verbringen konnte. Sie fertigte auch kleine Figuren aus Pappmaché für sie, die manchmal ein rares Lächeln auf das Gesicht der Mutter zauberten.

Felicia war voll erbitterter Wut auf ihren Vater, da er die Mutter für eine andere Frau verlassen und mit ihr eine neue Familie gegründet hatte, als Felicia siebzehn war. Sie war auch wütend auf ihre ältere Schwester, die ihre Mutter, die jetzt in einem Pflegeheim lebte, fast nie besuchte, während Felicia mehrmals in der Woche hinging. Als sie mir davon erzählte, rutschte sie auf der Couch nach vorne und lehnte sich mit wutverzerrtem Gesicht so weit wie möglich zu mir herüber. „Den Leuten ist alles egal", rief sie. „Was ist bloß mit denen los?"

Ihre ganze Kindheit hindurch hatte Felicia ihrer Mutter als Vertraute und emotionale Stütze gedient. Ihr Vater hatte Affären, die er kaum verheimlichte; ihre Schwester verbrachte die meiste Zeit damit, in ihrem Zimmer mit Freunden Gras zu rauchen und verließ das Elternhaus mit sechzehn Jahren. Die familiären Probleme kamen nie zur Sprache. Alles wurde geleugnet, die Depression ihrer Mutter, die Untreue ihres Vaters und der Drogenkonsum ihrer Schwester. „Ich war die einzige, die durchschaute, was vor sich ging", sagte sie.

Felicia hatte sich schon immer allein gefühlt. Mir gegenüber brachte sie allerdings eine kindliche Abhängigkeit zum Ausdruck, und wollte, dass ich ihr Ratschläge zu kleinen und großen Entscheidungen gab und sie wegen der Kränkungen und „kalten Schultern" tröstete, die sie praktisch jeden Tag in ihren Begegnungen mit anderen Menschen erlebte. Ich spürte, wie sich mein eigenes Herz angesichts ihres dringenden Bedürfnisses, gehalten zu werden, aufspannte, und auch angesichts meines Versuchs, ihr entschlossen zu begegnen, wenn sie über die Welt tobte und toste.

Felicia fand ihr Leben in emotionaler Hinsicht so fesselnd, dass sie noch nie Gelegenheit gehabt hatte, irgendwo anders in ihrem Körper zu leben. Sie bewohnte einen Wirbelsturm an Gefühlen, der sie nicht zur Ruhe kommen ließ. Doch psychische Heilung erfordert die Fähigkeit, die eigene Situation zu reflektieren, in ihrer Gesamtheit zu sehen und damit Frieden zu schließen. Dazu ist es notwendig, Emotionen mit Bewusstheit ins Gleichgewicht zu bringen. Diese Bewusstheit kann zum Teil einfach dadurch erlangt werden, dass man über die Umstände spricht, die den Schmerz verursacht haben. Felicia und ich verbrachten viele Stunden damit, die Ereignisse zu betrachten, die sie so wütend und traurig gemacht hatten, bei denen sie eigentlich so dringend Unterstützung gebraucht, aber nicht bekommen hatte. Ganz allmählich gewann sie mehr Durchblick, sie konnte sich diese frühen Situationen und Beziehungen vor Augen führen und verstehen, wie sie sich auf sie ausgewirkt hatten.

Emotionen mit Bewusstheit und körperlichen Empfindungen ins Gleichgewicht bringen

Ich brachte Felicia die Übung bei, ihre emotionale Tiefe mit Bewusstheit und körperlichen Empfindungen ins Gleichgewicht zu bringen (wie in Kapitel 2, Seite 57 beschrieben). Ich begann damit, sie zu lehren, ihren Körper zu bewohnen und sich auf das ihren Körper und ihre Umgebung durchziehende essenzielle Bewusstsein einzustimmen. Dann bat ich sie, sich auf die Qualität von Bewusstheit in, über und um ihren Kopf herum einzustimmen. Dies war unbekanntes Terrain für sie. Ich stand neben ihr und platzierte meine Hand etwa einen halben Meter oberhalb ihres Kopfes. Ich bat sie, sich mental zu meiner Hand „zu begeben“. Es gelang ihr, ihre Aufmerksamkeit in den Raum oberhalb ihres Kopfes zu bringen. Allein dadurch, dass sie sich in den Raum über ihrem Kopf begab, konnte sie die subtile Qualität von Bewusstsein erfahren. Das liegt daran, dass jene Qualitäten immer schon da sind. Wir müssen sie nicht erzeugen oder uns vorstellen.

„Nehmen Sie nun wahr, wie diese Qualität von Bewusstsein Ihren gesamten Körper durchzieht, so als ob Sie vollständig aus dieser Qualität bestünden.“ Felicia hielt sich sehr still, während sie dies zum ersten Mal wahrnahm. Ihr Körper nahm eine Leichtigkeit und eine Klarheit an, die ich noch nie an ihr gesehen hatte. Ihre roten Locken leuchteten um ihren Kopf.

„Nehmen Sie nun wahr, dass die Qualität von Bewusstsein sowohl Sie als auch Ihre Umgebung gleichzeitig durchzieht.“ Felicia war überrascht, wie anders sich das anfühlte als die übliche Wahrnehmung ihrer selbst und der sie umgebenden Welt. „Es ist wie ein anderes Klima“, sagte sie. „Sehr hell und frisch. Es muss Herbst sein“, scherzte sie.

„Stimmen Sie sich jetzt auf die Qualität der Emotionen ein“, fuhr ich fort. Automatisch richtete Felicia ihre Aufmerksamkeit auf ihren Brustraum und ihre Körpermitte. Das fiel ihr leicht; in diesem Bereich war sie zu Hause. „Spüren Sie, dass Ihr ganzer Körper aus dieser emotionalen Qualität besteht.“

Als Felicia dieser Anweisung folgte, begannen die Wut und die Trauer, die ihr so schwer auf der Brust gelastet hatten, sich zu verflüchtigen. Stattdessen breitete sich von dem tiefen Quell der Liebe, der ihre spirituelle Gabe war, eine feine Wärme in ihren ganzen Körper aus. Ich war so ergriffen, neben diesem schönen, aus Liebe bestehenden Buddha zu sitzen, dass ich Mühe hatte, den nächsten Satz der Anleitung auszusprechen. „Nehmen Sie jetzt wahr, dass diese Qualität der Emotionen Ihren Körper und zugleich auch Ihre Umgebung durchzieht“, brachte ich hervor.

„Stimmen Sie sich jetzt auf die Qualität körperlicher Empfindung ein. Dafür müssen Sie Ihre Aufmerksamkeit ganz nach unten in den Raum unterhalb Ihres Torsos und Ihrer Füße bringen.“

Felicia stellte fest, dass sie das konnte, obwohl sie den Urgrund körperlicher Empfindung noch nie zuvor gespürt hatte. Wie die meisten Menschen hatte sie lediglich spezifische Empfindungen, wie etwa Hitze oder Berührung, gespürt. Körperliche Empfindung ist jedoch, genauso wie Bewusstheit und Emotionen, ein Aspekt des spirituellen Fundaments unseres Seins und unseres Einsseins mit allem, was uns umgibt. Es fiel ihr leicht zu spüren, dass ihr ganzer Körper aus körperlicher Empfindung bestand, aber es war eine neue Erfahrung für sie, körperliche Empfindung zu spüren, die ihren Körper und ihre Umgebung zugleich durchzog. „Es ist, als ob jetzt alles irgendwie aus Berührung besteht“, sagte sie.

Die Übung endet mit der Einstimmung auf alle drei Qualitäten gleichzeitig. Zuerst stimmte Felicia sich darauf ein, dass Bewusstsein und körperliche Empfindung gleichzeitig ihren Körper und ihre Umgebung durchzogen. Dann „blendete“ sie noch die Qualität der Emotionen „ein“, die ebenfalls ihren ganzen Körper und die Umgebung durchzog. Wenn wir uns auf alle drei Qualitäten gleichzeitig einstimmen, lassen sie sich nicht mehr voneinander unterscheiden. Sie werden zur lebendigen Leere und vielfältigen Präsenz essenziellen Bewusstseins.

Mit etwas Übung wurden Felicias Reaktionen auf das Leben ausgeglichener. Ihre Gefühle waren einfach ein Teil ihrer Erfahrung, sie richtete nicht länger ihr Hauptaugenmerk auf sie. Sie sagte, dass dadurch die Auswirkungen der Ereignisse in ihrem Leben „entschleunigt" würden und sie besser verstünde, was vor sich ging. Ihre Beziehungen zu anderen Menschen fand sie noch immer frustrierend und verwirrend. „Ich bin so hungrig nach etwas", sagte sie, „aber anscheinend kann ich es nicht bekommen."

Diesen tiefen Hunger nach Kontakt verspüren viele spirituell sensible Menschen. Manchmal wird er als Hunger nach dem Göttlichen ausgedrückt. Ich glaube, er entspringt einer Ahnung von der Einheit, die wir mit allem anderen Leben und selbst mit dem Kosmos empfinden können. Die Erkenntnis unserer selbst als der eine, ganzheitliche, leuchtende Grund, der alles durchzieht und erfüllt, kann dieses untergründige Gefühl von Getrenntheit letztendlich befrieden.

Essenzielles Bewusstsein in Beziehungen

Ich legte in unseren Stunden fortan den Fokus auf die Übung der Einstimmung auf essenzielles Bewusstsein, das gleichzeitig Körper und Umgebung durchzieht. Felicia hatte Schwierigkeiten, es zu spüren. Wie vielen Menschen, die energetisch sehr fließend und ausladend sind, war es ihr hingegen ein Leichtes, ihren Körper zu verlassen und sich in den Raum hinein auszudehnen. Auf diese Weise war sie ihr Leben lang mit anderen Menschen in Beziehung getreten. Sie verschmolz mehr mit ihnen, als dass sie den Kontakt zwischen sich und einer anderen Person wirklich wahrnahm. Bei dieser Verschmelzung mit anderen geschieht energetisch eine Bewegung nach außen. Es bedeutet, sich selbst zu verlassen und sich in eine andere Person hineinzubegeben. Felicia wusste, dass viele Leute sie zudringlich fanden, aber sie hatte nie gewusst, wie sie etwas an ihrer Art der Kontaktaufnahme ändern sollte. Für sie fühlte es sich so an, als ob die anderen Menschen unerreichbar für sie seien oder ihnen ihr Kontaktwunsch zu viel sei.

Die Einstimmung auf die alles durchdringende Stille ist eine subtilere Erfahrung als die Ausdehnung der eigenen Energie. Es fühlt sich weniger wie eine Bewegung nach außen an, sondern eher wie ganz müheloses sich Niederlassen in den bereits vorhandenen Raum. Tatsächlich können wir diesen durchdringenden Raum nur finden, indem wir uns tiefer in unseren eigenen Körper niederlassen. Haben wir diesen Raum erst einmal gefunden, können wir in unserem eigenen Körper und mit unserem eigenen Sein verbunden bleiben, während wir Kontakt mit jemand anderem erleben.

Zu Beginn bat ich Felicia, zu spüren, dass der Raum uns beide durchzog, während ich neben ihr stand und sie mich somit nicht direkt sah. Als sie dazu in der Lage war, ohne ihren Körper zu verlassen, gestaltete ich die Übung herausfordernder, indem ich mich vor sie setzte.

Felicia fand es sehr schwer, in ihrem Körper zu bleiben, wenn ich direkt vor ihr saß. Sie bewohnte ihren Körper, aber schien noch immer von der Vorderseite ihrer Brust her in meine Richtung überzuschwappen. Ich schlug ihr vor, zu spüren, dass das Gefäß ihres Körpers eine Vorderseite hatte. Sie könne sich innerhalb ihres körperlichen Gefäßes befinden, und da es eine Vorderseite hatte, müsse sie nicht überschwappen.

Felicia probierte es aus und schaute mich mit einem Mal beglückt an. „Ich spüre es", sagte sie. „Sie sind da drüben, und ich bin hier drüben, und doch gibt es etwas Verbindendes zwischen uns. Ich habe immer geglaubt, mich entweder durch einen Panzer von anderen trennen oder aber mich komplett mit ihnen vermischen zu müssen."

Ein Ausdruck des Erstaunens erschien auf ihrem Gesicht, als sie sagte: „Ich existiere nicht im Raum. Ich bin Raum." Diese bedeutsame Erkenntnis zeigte, dass sie tatsächlich dabei war, essenzielles Bewusstsein zu realisieren. Dieser Raum ist nichts von uns Getrenntes. Es gibt keinen Unterschied zwischen dem Raum und unserem Selbst.

Felicia konnte sich nun auf den Raum einstimmen, der uns beide durchzog, allerdings nur, solange wir keinen Blickkontakt hatten. Sobald sie versuchte, Blickkontakt mit mir aufzunehmen, kam sie nach vorn, um mit mir zu verschmelzen. Ich sagte: „Versuchen Sie, über die Distanz zwischen uns mit mir Blickkontakt aufzunehmen. Seien Sie sich des Raums zwischen uns bewusst, während Sie Kontakt mit mir aufnehmen."

Oft bleibt man mit den Augen an der Welt „kleben", so dass sich alles direkt auf ihnen zu befinden scheint. Sich des Raums zwischen Ihnen und anderen Menschen oder Dingen bewusst zu sein, kann Ihnen ein besseres Gefühl für die wahre Distanz zwischen Ihnen und der Welt um sie herum vermitteln.

Als Felicia das zum ersten Mal spürte, lachte sie. „Sie sehen so viel kleiner aus“, sagte sie. Als sie anfing, mich über die Distanz zwischen uns hinwegzusehen, als eine von ihr getrennte Person, schien sie sich einerseits weniger Sorgen um mich zu machen und mich andererseits auch weniger zu idealisieren. Einige Male glaubte ich, einen Ausdruck von Geduld in ihren Augen zu sehen, während sie mich anblickte, so als ob sie sich mit der Fehlbarkeit oder Verletzlichkeit, die sie in mir sah, abfände. Ich war keine Retterin, aber auch keine Feindin.

Essenzielles Bewusstsein ist das Fundament unserer universellen Verwandtschaft und Ebenbürtigkeit mit allem anderen Leben. Während Felicia und ich fortfuhren, als jener ganzheitliche, durchdringende Raum zusammenzusitzen, wurde die künstliche Beziehung zwischen Lehrerin und Schülerin (oder Doktor und Patientin) nebensächlich. Wir spürten, dass wir aus der gleichen Essenz bestanden, aus der gleichen Transparenz. Wir hatten beide unsere eigenen Geschichten und Ansichten, von denen wir einander erzählen konnten, doch jetzt konnte das innerhalb des beständigen Kontakts zwischen uns geschehen. Als essenzielles Bewusstsein konnten wir uns über die zwischen uns liegende Distanz hinweg verstehen, spüren und berühren.

Übung 12 Intimität und Raum

Setzen Sie sich an einen öffentlichen Ort, etwa in eine Bücherei oder einen Park. Spüren Sie, wie Sie in Ihrem gesamten Körper auf einmal sind. Richten Sie Ihre Aufmerksamkeit auf den Raum außerhalb Ihres Körpers. Nehmen Sie wahr, dass es sich bei dem Raum innerhalb und außerhalb Ihres Körpers um ein und denselben, kontinuierlichen Raum handelt. Sie sind in Ihrem Körper, aber Sie sind auch durchlässig. Lassen Sie sich spüren, dass der Raum, der Sie durchzieht, ebenso die anderen Menschen in der Umgebung durchzieht. Bewegen Sie sich nicht von ihrem Körper weg, während Sie das wahrnehmen. Spüren Sie, dass es keinen Unterschied zwischen Ihnen und dem Sie durchdringenden Raum gibt. Sie sind der Raum.

Nehmen Sie aus dem Innenraum Ihres eigenen Körpers heraus den Innenraum der Menschen wahr, die Sie umgeben. Versuchen Sie, das Leben in ihren Körpern und die jeweiligen speziellen Qualitäten ihres Seins zu spüren. Bleiben Sie in Ihrem eigenen Körper, während Sie das wahrnehmen.

Stimmen Sie sich auf die Qualität Ihrer Bewusstheit um Ihren Kopf herum und oberhalb Ihres Kopfes ein. Nehmen Sie wahr, wie die Qualität von Bewusstheit Ihren gesamten Körper durchzieht. Nehmen Sie wahr, wie die Qualität von Bewusstheit Sie und die anderen Menschen in der Umgebung durchzieht. Lassen Sie das Feld von Bewusstheit Sie und die anderen Menschen durchziehen und in sich aufnehmen. Wiederholen Sie dies mit der Qualität von Emotionen, dann mit der Qualität körperlicher Empfindung, und dann mit allen dreien auf einmal. Denken Sie daran, dass die drei Qualitäten sich nicht mehr voneinander unterscheiden lassen, wenn Sie Ihre Aufmerksamkeit auf alle gleichzeitig richten. Sie werden zu dem an Qualitäten reichen Feld essenziellen Bewusstseins, das Sie und die Menschen um Sie herum durchzieht.

Kapitel 7

Eine andere Gestalt annehmen: Die Herausforderung, authentisch zu sein

Carlos Castaneda zählte in den frühen Tagen der spirituellen Renaissance Amerikas zu den meistgelesenen Schriftstellern. Castanedas Lehrer, der indianische Schamane Don Juan, prägte die Vorstellung vieler Menschen davon, was es bedeutet, ein spiritueller Meister zu sein. Und obwohl ich Ihnen die Titel der vielen Bücher von Castaneda nicht mehr nennen könnte, erinnere ich mich doch lebhaft an die Schilderung, wie Don Juan Castaneda dabei hilft, sich in einen Vogel zu verwandeln.[10]

Die außergewöhnliche Entwicklung der Vorstellungskraft ist ein klassischer Hinweis auf fortgeschrittene spirituelle Reife. Viele schamanische Religionen behaupten, dass einige ihrer Adepten in der Lage seien, sich in Tiere zu verwandeln. Sowohl die tibetisch buddhistische als auch die jüdische Legende spricht von großen Mystikern, die raffinierte Festmahle oder menschenähnliche Kreaturen (wie beispielsweise die Figur des Golem im Judentum) kraft ihrer inneren Vision erschaffen konnten. Vielen Hindu-Meistern sagt man nach, dass sie einen Geruch oder sogar ein Schmuckstück oder eine religiöse Statue schlichtweg dadurch erschaffen können, dass sie sich sie vorstellen. Im Westen findet sich das berühmteste dieser Meisterstücke kreativer Vorstellungskraft wohl in der Geschichte von Jesus, der anlässlich einer Hochzeit Wasser in Wein verwandelt.

Das Potenzial zu diesem Aspekt spiritueller Reife ist in spirituell begabten Kindern oft in Form von lebhafter Fantasie angelegt. Wie alle Talente kann auch dieses Schwierigkeiten mit sich bringen. Diese verträumten, „gedankenverlorenen" Kinder sind möglicherweise zu abgelenkt, um an den weltlichen Aktivitäten der Gleichaltrigen teilzunehmen. Da es ihnen leicht fällt, in unterhaltsamere Fantasien zu entwischen, haben sie Schwierigkeiten, sich auf Schulaufgaben zu konzentrieren, die sie langweilen. Mit dem „Kopf in den Wolken" kann es ihnen passieren, dass sie, unten auf der Erde, von Freunden oder Familienangehörigen lächerlich gemacht oder ausgeschlossen werden. Diese Kinder verwenden vielleicht ihr Vorstellungsvermögen, um den Kontakt mit der aufreibenden Realität ihrer Kindheitsumgebung zu vermeiden oder um mit ihrem Gefühl der Entfremdung zurechtzukommen. Außerdem können sie eine unechte Persona (Der Begriff Persona bezeichnet in der Tiefenpsychologie nach C. G. Jung jenen Teil des Ichs, der für ein sozialverträgliches Verhalten sorgt. Die Eigenschaften der Persona werden hauptsächlich durch Anpassung erworben, A. d. Ü.) entwickeln, die aufgrund der Tiefgründigkeit und Sensibilität der Kinder sehr verstörend ist und mit zunehmendem Alter zu gravierenden Problemen führen kann.

Jeder wächst zu einem gewissen Ausmaß zu einer Abstraktion anstatt zu der verkörperten und gelebten Erfahrung seiner selbst heran. Wir können uns mit unserer Rolle identifizieren, etwa als Lehrer oder Rechtsanwalt, oder auch mit einzelnen Aspekten unserer Persönlichkeit, und uns dann beispielsweise als Überflieger oder auch als Opfer der Umstände betrachten. Wir konstruieren Persönlichkeiten, wie zum Beispiel eine liebenswürdige oder einschüchternde Persona, um mit herausfordernden sozialen Situationen zurechtzukommen. Zudem gestalten wir unsere konstruierten Persönlichkeiten nach den Personae unserer Eltern oder nach den Vorbildern von Menschen in den Medien, um begehrenswerter oder mächtiger zu wirken.

Als Kinder passen wir uns an, um den Vorstellungen, die andere Menschen auf uns projizieren, zu entsprechen. Wir können uns entsprechend einer bestimmten Vorstellung von Niedlichkeit, Ungezogenheit oder Tugendhaftigkeit entwickeln, wenn unsere Eltern uns so sehen oder wollen, dass wir so sind. Wenn man Kinder genauer beobachtet, kann man erkennen, dass bereits in sehr jungen Jahren so etwas wie ein falsches Lächeln auftreten kann. Sensible Kinder können besonders flexibel oder empfindsam und feinfühlig dafür sein, wie ihre Eltern sie brauchen oder haben wollen. Sie selbst können in dem Versuch, Zuneigung, Kontakt oder Bestätigung von ihren Eltern zu bekommen, ziemlich untergehen.

Wie unsere Abwehrmechanismen verfestigen sich auch einige dieser Persönlichkeitskonstrukte im Körpergewebe – sie werden Teil unserer jeweiligen Statur. Andere Muster sind flüssiger; sie finden sich in Gewohnheiten oder Haltungen wieder, die wir uns zumeist unbewusst in Reaktion auf bestimmte Situationen aneignen. All diese Muster verdecken und verengen unser authentisches Selbst. Sie stehen sowohl der echten Erfahrung des Lebens, wie etwa unserer Fähigkeit, wahrhaftig zu sehen, zu hören oder zu berühren, im Wege als auch unserem Selbstausdruck, etwa unserer Fähigkeit, aus dem Herzen heraus zu sprechen.

Bei Menschen mit sehr ausgeprägter Vorstellungskraft erzeugt die konstruierte Persönlichkeit manchmal eine Fassade, die ungewöhnlicher ist als die anderer Menschen. Sie kann beispielsweise Ergebnis und Ausdruck eines intensiven Gefühls der Entfremdung von der Welt sein. Außerdem kann es sich dabei um eine besonders umfassende Verformung ihrer selbst handeln. Aufgrund ihrer inneren Tiefe und Willenskraft kann es passieren, dass sie ein falsches Bild tief in sich einprägen und in verquererem Verhältnis zur Realität zu stehen scheinen als die typische Persona. In Indien las ich einmal, dass spirituelle Menschen sich auf der Welt als Verrückte, Dämonen und Kinder tarnen. Auch wenn unsere Tarnungen uns etwas Schutz vor der Welt bieten, so verbergen sie unsere wahre Natur leider auch vor uns selbst.

Spirituell sensiblen Menschen kann ihre falsche Persona enorm zu schaffen machen. Da wir unsere Persona unbewusst ausgestalten, ist den meisten Menschen nicht klar, dass sie alles andere als authentisch ist. Doch spirituell begabte Menschen können über ein verstärktes Gespür für die Realität verfügen, über eine besondere Fähigkeit, Wahres von Künstlichem zu unterscheiden. Sehr oft reibt ihre eigene Unstimmigkeit sie auf. Ich halte das für eine Art des Leidens, die gewissermaßen eine spezielle Domäne der spirituell Begabten ist: sich in der eigenen Unwirklichkeit gefangen zu fühlen.

Manche Menschen können bis zu einem gewissen Ausmaß ihre Fassade fallen lassen, oder sie fühlen sich zumindest weniger davon behindert, wenn sie allein sind. Sie suchen die Einsamkeit, weil sie sich nur darin echt fühlen. Ihre Unfähigkeit, in der Welt mit anderen Menschen Authentizität zu erfahren, kann zu einer großen Bürde werden. Sie fühlen sich nicht in der Lage, den Kontakt zu sich und anderen wirklich und wahrhaftig zu erleben, obwohl sie eigentlich wissen, dass es möglich ist und sie sich danach sehnen. Doch sie können diese Authentizität nicht erleben, bevor sie ihr imaginäres Selbst nicht erkennen und durchschauen. Der spirituelle Weg erfordert von jedem, ganz besonders jedoch von Menschen mit außergewöhnlicher Vorstellungskraft, Wahrheit von Fantasie zu unterscheiden. Es ist das Erwachen aus einem Traum.

Die Wirklichkeit aufdecken

Als ich Shana zum ersten Mal begegnete, war sie kunstvoll in prächtige Stoffe gekleidet, trug üppigen Schmuck und dramatisches Make-up, das ihre großen dunklen Augen betonte. Ihr Haar war mattschwarz gefärbt und mit Glitzersteinen verziert. Am eindrücklichsten aber war ihr Auftreten. Sie stellte sich mir vor, als ob sie mich mit ihrer Anwesenheit segnete. Als sie sprach, schien sie von einem übernatürlichen Leuchten erfüllt zu sein.

Sie eröffnete das Gespräch mit der Mitteilung, dass sie sich sicher war, nicht von dieser Welt zu sein. Ihre Seele war aus einem entlegenen Teil des Firmaments hierhergekommen, um dabei zu helfen, das Volk dieses Planeten zu heilen und aufzuwecken. Ein himmlisch anmutendes Lächeln und ausgebreitete Arme untermalten diese Beteuerung. Auch wenn ihr Lächeln und ihre Gestik mir falsch vorkamen, vermittelte sie irgendwie doch den ernsthaften Wunsch, die Dinge auf der Welt zum Besseren zu wenden. Obwohl ich mir in unserer Begegnung mehr wie eine Zuschauerin denn wie eine Teilnehmerin vorkam, fing ich an, sie zu mögen.

Über das Verhältnis von ernsten psychischen Erkrankungen zu spiritueller Offenheit ist viel geschrieben und spekuliert worden. Es mag sein, dass spirituell begabte Menschen aufgrund ihrer Fluidität und Offenheit anfällig für psychische Krankheiten sind, so wie auch für andere Schwierigkeiten, die ich in diesem Buch beschreibe. Reife spirituelle Verwirklichung ist allerdings etwas anderes als eine psychische Erkrankung. Es ist ein Zustand des vertieften Kontakts mit sich selbst und der Umgebung, ohne Fragmentierung oder Dissoziation (Der Begriff Dissoziation bezeichnet in der Psychologie das unwillkürliche Abspalten von Erlebnissen vom Alltagsbewusstsein, oftmals in Folge eines Traumas. Eine Dissoziation kann zum Beispiel als Gedächtnisverlust oder als das Gefühl des Losgelöstseins vom eigenen Körper erlebt werden, A. d. Ü.). Obwohl Shana Schwierigkeiten im Kontakt hatte, erfüllte sie die psychologischen Kriterien für eine Psychose nicht. Sie hatte keine Halluzinationen, ließ keine Zusammenhangslosigkeit im Sprechen oder Denken erkennen und auch keine gestörte Bezugnahme (wie zum Beispiel zu denken, dass in der Werbung im Fernsehen über sie gesprochen würde). Auch wenn sie sehr ausgefallen und kreativ gekleidet war, war ihre Erscheinung nicht so befremdlich, dass meine Alarmglocken geläutet hätten. Selbst ihre Vorstellung, von einem „anderen Stern" zu sein, war nicht so ungewöhnlich; diese Überzeugung wird durchaus in manchen mystischen Gefilden unserer Kultur gelehrt und beschrieben. Interessanter- und auch beruhigenderweise sah ich in ihren Bewegungen und ihrer Mimik außerdem eine Art sachliche Verärgerung, die aus den Schichten unter ihrem starren Ausdruck von Wohlwollen zu kommen schien.

Shana war zu mir gekommen, weil sie sich in ihrem Berufsleben an einer Wegkreuzung befand. Sie hatte viele Jahre als Händlerin in einem Schmuckgeschäft gearbeitet, aber sie hatte das Ansinnen, ihr eigenes Unternehmen als Hellseherin aufzubauen. Sie erzählte mehrere Geschichten über ihre erstaunliche Fähigkeit, für ihre Freunde zukünftige Ereignisse vorherzusagen. Sie hatte sogar das genaue Datum vorhergesagt, an dem eine Frau ihren zukünftigen Ehemann treffen würde, sowie dessen körperliche Attribute und Beruf, und sie war selbst überrascht, als alles genau so eintraf, wie sie es in dem den Kopf der Frau umgebenden Raum gesehen hatte. Sie war kürzlich bei ihrer Hochzeit gewesen.

„Ich habe magische Kräfte“, teilte sie mir mit einer Mischung aus Stolz und Verwirrung mit. Doch sie spürte, dass etwas sie davon abhielt, ihre Geschäftspläne voranzubringen. Sie wusste, dass es ihre Bestimmung war, diesen nächsten Schritt in ihrem Leben zu machen, und hoffte, ich würde ihr helfen können herauszufinden, was ihr im Weg stand.

Im Verlauf unserer Gespräche fiel mir am deutlichsten ihr Unvermögen dazu oder ihr Widerstand dagegen auf, mit mir Blickkontakt aufzunehmen. Obwohl sie mich mit der leichten Geringschätzung behandelte, die ein höheres Wesen für ein niederes empfindet, drehte sie sich reflexartig weg, als ich versuchte, ihr direkt in die Augen zu schauen. In dieser raschen Geste konnte ich einen flüchtigen Blick auf die verletzliche, äußerst sensible Frau werfen, die vor mir saß.

Sie fragte sich, was es für sie bedeutete, ihre Kräfte der Welt zu offenbaren und fing an, eine Kindheit voller Verwirrung und Zurückweisung zu beschreiben. Sie stellte überrascht fest, dass einige dieser Erinnerungen sie zu Tränen rührten. Sie hatte geglaubt, all das hinter sich gelassen zu haben. Als sie Anfang zwanzig war, war ihr ein Buch über Außerirdische in die Hände gefallen, die als Berater und Heiler auf die Erde gekommen waren, und ihr war klar geworden, dass sie wohl eine von ihnen sein musste. Seit dieser Zeit hatte sie nicht mehr an ihre Kindheit gedacht und betrachtete sie schlicht als eine Illusion, als eine Art „Cover-Story“, die ihr helfen sollte, als Mensch durchzugehen. Sie lachte ein wenig, als sie mir davon erzählte. Es war klar, dass sie es nicht gänzlich glaubte, es schien einfach eine mögliche Erklärung für ihr intensives Gefühl der Andersartigkeit zu sein.

„Ich habe mich immer als seltsam empfunden“, sagte sie in einem plötzlichen Anflug von Offenheit. „Ich weiß, dass irgendetwas mit mir nicht ganz stimmt, aber alles um mich herum scheint ebenfalls seltsam zu sein, das macht es mir schwer, mich zu orientieren. Ergibt das Sinn?“ Diese Beschwerde kam ihr komisch vor; sie hatte sie noch nie zuvor laut geäußert. Sie fühlte sich seltsam in einer seltsamen Welt. „Es gibt so viel Täuschung überall“, sagte sie.

Es dauerte einige Monate, bis Shana mir und sich selbst genügend vertraute, um zu durchschauen, was es war, das sie in Wahrheit zurückhielt. Als sie mir davon erzählte, bedeckte sie ihr Gesicht mit den Händen, als ob sie sich vor mir verstecken wolle. „Vielleicht bin ich eine Betrügerin", sagte sie. Ich wusste, dass dies das Schlimmste war, was sie über sich zu denken imstande war. Daraufhin hob sie den Kopf und sah mir zum ersten Mal direkt in die Augen. „Aber ich kann diese Dinge wirklich, von denen ich Ihnen erzählt habe." Dann sah sie weg. „Habe ich bloß Angst, dass die Leute mich für eine Betrügerin halten werden?", fragte sie sich. Sie blieb lange still. „Nein, es ist ein Gefühl, das ich mir selbst gegenüber habe, dass ich nicht echt sein kann." Sie sah mich verwundert an, als wäre das das Seltsamste, was ihr je widerfahren war.

Sie sagte: „Es gibt ein hinduistisches Gebet, das lautet ‚Bitte führe mich von der Illusion in die Wirklichkeit'. Ich verstehe dieses Gebet. Diese Wirklichkeit will ich mehr als alles andere."

Obwohl Shana ihre Zwickmühle deutlich verstanden hatte, wusste sie nicht, wie sie die Wirklichkeit, die sie wollte, erreichen konnte. Sie hatte viele Ängste davor, die Persona zu durchschauen, die sie erschaffen hatte. Sie hatte zudem panische Angst, dass ich versuchen würde, etwas aus ihr zu machen, das sie nicht war, nämlich ein typisches Exemplar eines „normalen" Menschen.

Sie gestand mir, dass ihr die Welt oftmals stumpfsinnig vorkam. Die meisten Leute schienen engstirnig und langweilig zu sein, und jene, die es nicht waren, ängstigten sie oder schienen unerreichbar. Sie konnte ihren Platz in der Welt nicht finden, konnte sich darin einfach nicht wohlfühlen. Sie durchschritt die verschiedenen Bereiche ihres Lebens als erhabene Beobachterin und hatte sich auf ihrem eigenen Berggipfel niedergelassen. „Ich bin wirklich anders als die", erzählte sie mir. „Tatsächlich", sagte sie trotzig, aber mit einem humorvollen Schimmern in den Augen, „bin ich am ehesten wie diese Leute von den Sternen. Sie arbeiten hier für das Gute. Wir sind ein Netzwerk von hochentwickelten Seelen, die für das Gute arbeiten." Tränen strömten jetzt über ihr Gesicht. „Ich weiß nicht, warum ich weine", sagte sie. „Ich möchte ‚in der Welt, aber nicht von ihr' sein, aber ich möchte auch wirklich hier sein, ich möchte hier bei Ihnen sein."

Sich zurückverwandeln

Ich erinnerte mich an meinen eigenen Fall in die Wirklichkeit. Bevor ich meine spirituelle Praxis begann, lebte ich in einer Welt der Schwingung und der Fantasie. Als Tänzerin und Choreografin, die ich von Kindesbeinen an bis Anfang zwanzig gewesen war, betrachtete ich das Leben fast ausnahmslos als einen Tanz. Es war ein dynamisches Schauspiel sich bewegender Konsistenzen, Energien und symbolischer Bedeutungen. Dieses Schauspiel war eine stete Quelle der Inspiration für mich; leicht ließ es sich in eine Choreografie übertragen.

Ich war begeistert von den Sinnzusammenhängen und Dramen, die ich in der Welt um mich herum sah, oder die ich zumindest darüber einblendete. Allerdings war ich auch orientierungslos. Obwohl ich durch die Jahre meines rigorosen Tanztrainings eine gewisse Verbindung zu meinem Körper hatte, bewohnte ich ihn nicht. Besonders als ich technisch versierter wurde, kam mir mein Körper eher wie ein Objekt vor, etwas von mir Getrenntes, das ich geformt und geschliffen hatte, um athletische Meisterleistungen zu vollbringen. Ich hielt mich vor allem in einem schmalen Streifen meiner selbst auf, der sich oberhalb meiner Augen befand; nicht in meinem Intellekt, sondern in meiner Vorstellung. Als ich mir meinen Rücken verletzte und die in sich geschlossene Welt der Tänzer verlassen musste, fühlte ich mich ebenfalls wie eine Außerirdische, die gerade auf der Erde gelandet war.

Nachdem ich mich einer Operation am Rücken unterzogen hatte, musste ich sechs Monate lang ein Stützkorsett tragen, das meinen ganzen Oberkörper umfasste, und mein Körper entspannte sich. Ich begann zu meditieren und mich langsam in meinem Körper niederzulassen. Ich erinnere mich gut an das ungeheure Gefühl der Nüchternheit, das mich zu Beginn dieser Wandlung überkam. Alles, was ich ansah, schien schlichtweg es selbst zu sein, seines symbolischen Wertes entledigt. Der tibetisch-buddhistische Lehrer Chögyam Trungpa nannte dies die „Rohheit" des Lebens. Ein Baum war exakt ein Baum. Er wurde nicht länger zu einer Metapher für etwas anderes, zum Beispiel dafür, zu jubeln oder sich nach oben zu strecken, wie er es geworden wäre, als ich noch Tänzerin war. Es war einfach ein Baum. Es war dieser eine, bestimmte, einzigartige Baum, aber doch bloß ein Baum. Zudem fühlte ich mich seltsam substanziell, als ob ich plötzlich Gewicht und Umfang hätte. Mehr als das, ich fühlte mich gewöhnlich. Wie ein Mensch. Es war, als ob die Energien, die ich in die unendlichen Weiten ausgesendet hatte, jetzt zurückkehrten und sich in mir niederließen, unter meiner Haut. Ich war bloß ich.

Ich konnte Shanas Ängste also nachvollziehen. Echt zu werden, verkörpert zu sein, bedeutete eine Art Hingabe an die materielle Welt. Wir können vor diesem Akt der Hingabe, vor dem Loslassen unseres Fantasielebens nicht wissen, dass das echte Leben Materialität ist, die von Energie und Bewusstsein durchflutet ist; es ist sowohl fest als auch leuchtend transparent. Es ist die allergewöhnlichste, ganz nüchterne Wahrnehmung unserer selbst und unserer Umgebung, und gleichzeitig die außergewöhnlichste. Bevor wir nicht loslassen, können wir nicht wissen, dass unsere Vorstellungskraft durch spirituelles Erwachen nicht ausgelöscht wird; vielmehr wird sie dadurch reifer.

Die Wirklichkeit des Körpers

Der Schritt vom Leben in der Fantasie zum Leben in der Realität ist nicht bloß ein geistiger Wandel. Es ist eine Veränderung der Art und Weise, auf die wir unseren Körper bewohnen. Als Shana in unserer ersten Stunde ihre Arme ausbreitete, um ihrer Absicht, die Welt zu heilen, Ausdruck zu verleihen, lag der Grund, dass es mir nicht authentisch erschien, darin, dass sie nicht wirklich in ihren Armen anwesend war. Es gab einen Mangel an Verbindung zwischen ihrem Sein und ihrem Körper, der sie daran hinderte, sich anderen gegenüber wahrhaftig auszudrücken.

Wirklicher, realer Kontakt zu sich selbst ist zugleich wirklicher Kontakt zum Umfeld. Es ist ein sehr interessanter Aspekt unserer Natur, dass die Heilung der Trennung zwischen Körper und Geist gleichzeitig auch die Heilung der Trennung zwischen dem eigenen Selbst und dem Umfeld einschließlich anderer Menschen ist. Das Leben ist zu einem gewissen Ausmaß imaginär oder illusorisch – für jeden. Wir alle betrachten das Leben durch den Filter unserer vergangenen Erfahrungen und durch unsere Schablonen, also geprägt durch das, was wir schon früh über die Welt gelernt haben. Wir alle färben die jeweiligen Umstände durch unsere Hoffnungen und Ängste. Außerdem stellen wir uns eine Barriere zwischen uns selbst und unserem Umfeld vor. Wir fantasieren eine Trennung zwischen einer Welt da draußen, und dem Bewusstsein hier drinnen, das diese Welt wahrnimmt.

Wenn wir mehr Kontakt zu uns selbst und der Welt bekommen, fangen diese Filter und Projektionen an, sich aufzulösen. Wir stellen fest, dass es keine Trennung zwischen uns als Subjekt und dem, was wir als Objekt wahrnehmen, gibt. All unsere Wahrnehmungen, die inneren wie die äußeren, werden unverzüglich in ein und demselben, einheitlichen Bewusstseinsfeld erfasst. Dieser direkte, unmittelbare Kontakt mit dem Leben fühlt sich an, als ob er genau jetzt geschieht, er fühlt sich real an, er fühlt sich vollständig an; es gibt keinen Teil von uns, der aus der Erfahrung des gegenwärtigen Moments ausgeklammert ist.

Die Wirklichkeit, um die man in dem hinduistischen Gebet bittet, ist nicht die Welt, die die meisten Menschen als aus getrennten, festen, materiellen Objekten bestehend wahrnehmen. Die Nüchternheit spiritueller Praxis ist ein Akt des Freilegens, nicht von Materie, sondern von etwas viel Mysteriöserem, der ganzheitlichen, leuchtenden Transparenz, die alles durchzieht. Wir können nicht in diese Dimension gelangen, indem wir die materielle Welt meiden. Wir müssen die Welt der separaten, festen Gegenstände akzeptieren und ergründen und unseren eigenen, separaten, physischen Körper vollständig bewohnen, um uns und unsere Umgebung als das eine Feld essenziellen Bewusstseins wahrzunehmen.

Wenn wir in unserem Körper leben, finden wir die Mitte unseres eigenen Seins sowie allen Seins. In Wirklichkeit teilen wir alle diese eine Mitte. Wenn wir in unseren Vorstellungen leben, sind wir nicht zentriert. Interessanterweise haben menschliche Wesen die Fähigkeit, Gleichgewicht von Ungleichgewicht zu unterscheiden, Zentrierung von Nicht-Zentrierung. Diese Fähigkeit gestattet uns beispielsweise, Harmonie von Dissonanz zu differenzieren, sowohl klanglich als auch visuell.

Dieses Gespür ist bei spirituell offenen Menschen besonders ausgeprägt. Shana fühlte sich unwohl, weil sie spürte, dass sie nicht zentriert war. Viele spirituell begabte Menschen verlieren als Kinder durch ihr Gespür für die Unzentriertheit der Menschen um sie herum und durch ihren Versuch, sich daran anzupassen, die Orientierung. Genau diese Sensibilität für Gleichgewicht jedoch kann ihnen helfen, wieder in die Mitte zurückzufinden.

Demut

Shana fand die Übung, ihren Körper zu bewohnen, sehr herausfordernd. „Es fühlt sich schrecklich an", sagte sie. „Ich stecke hier drinnen völlig fest, ich klebe am Boden. Ich fühle mich, als ob ich tausend Pfund wöge. Bah, ich fühle mich, als wäre ich hundert Jahre alt." Ich versuchte, sie zu beruhigen, dass sie sich mit etwas Übung leichter fühlen würde als je zuvor, aber sie glaubte mir nicht. Sie rief mich nach unserer dritten Sitzung an, um mir zu sagen, dass sie nicht wieder kommen würde. „Es ist einfach nicht das Richtige für mich", sagte sie.

Etwa ein Jahr später rief sie erneut an. Sie wollte es noch einmal versuchen. Als wir uns zu unserer ersten Sitzung trafen, kam sie mir ein wenig trauriger vor als im vergangenen Jahr. Sie sprach nicht darüber, was geschehen war, seit wir uns das letzte Mal gesehen hatten, aber es schien, dass etwas sie gedemütigt und veranlasst hatte, in sich zu gehen. Zudem kam sie mir zugänglicher vor. Ich habe schon oft festgestellt, dass jene Menschen, denen es am leichtesten fällt, sich zu verändern und zu wachsen, zwei Eigenschaften gemeinsam haben. Sie verfügen über tiefe, wenn auch manchmal verborgene Liebe zu sich selbst, die sie dazu veranlasst, ihren eingeschränkten, leidvollen Zustand nicht länger fortsetzen zu wollen. Zugleich sind sie demütig, sie sind gewillt, sich selbst so zu sehen, wie sie im Moment wirklich sind, egal wie traurig, klein oder ängstlich.

Als wir nun abermals die Übung zur Verkörperung machten, schien Shana den Empfindungen in den verschiedenen Teilen ihres Körpers annehmender gegenüberzustehen. Als wir zum Ende der Übung kamen, fragte ich sie, wie es sich angefühlt habe. „Nicht so schlecht", antwortete sie. „Es ist irgendwie süß da drin. Ich bin irgendwie ein süßes, altes Weib."

„Ja, das sind Sie", sagte ich.

Bewegung als die Qualität des Selbst

Ich brachte Shana bei, während sie sich bewegte in ihrem Körper zu bleiben und sich auf die Qualität des Selbst einzustimmen. Wie ich in Kapitel 3 erklärt habe, können wir, sogar wenn wir uns auf die Qualität des Selbst in lediglich einem Teil unseres Körpers einstimmen, diese Qualität in unserem gesamten Körper spüren. Das bedeutet also, die Bewegung durch die Qualität des Selbst, sogar wenn sie nur mit unseren Armen geschieht, bezieht den ganzen Körper in die Bewegung mit ein. Das ist etwas völlig anderes als mein Tanztraining, bei dem mir beigebracht wurde, die Bewegung meiner Gliedmaßen zu „stützen", indem ich den Rest meines Körpers rigide still hielt.

Ich bat Shana, sich hinzustellen und zu spüren, dass sie ihren gesamten Körper bewohnte. Shana stellte fest, dass es ihr jetzt leicht fiel. Dann sagte ich: „Bewegen Sie Ihre Arme langsam nach vorne. Spüren Sie, dass Sie im Inneren Ihrer Arme sind, während Sie sie bewegen. Der Innenraum Ihrer Arme bewegt sich durch den Raum im Zimmer. Stimmen Sie sich jetzt mit nach vorn ausgestreckten Armen auf die Qualität ihres Selbst in Ihren Armen ein."

Während Shana das tat, leuchtete ihr ganzer Körper durch ihre Präsenz auf. Ich fuhr fort: „Bleiben Sie in Ihren Armen, auf die Qualität des Selbst eingestimmt, und öffnen sie langsam Ihre Arme zu den Seiten, im rechten Winkel zu Ihrem Körper."

Das erforderte einige Konzentration, doch Shana gelang es. Während sie sich durch den Innenraum ihrer Arme bewegte, blickte sie auch durch das Zentrum ihrer Augen nach außen. Wir sahen uns geradeheraus an, und augenblicklich entstand ein gegenseitiges Erkennen und Kontakt. Spontan und als Teil dieses Kontakts begann Liebe zwischen uns zu fließen. In Reaktion darauf projizierte sich Shana rasch nach vorne in meinen Körper, wodurch der Fluss von Liebe zwischen unseren beiden Körpern abbrach. Dann, genauso schnell, kehrte sie wieder in ihren eigenen Körper zurück. „Wow, das war interessant", sagte sie. „Ich kann Sie besser spüren, wenn ich in mir bin."

Der empathische Raum

Shana erzählte mir, dass sie beim Hellsehen das Gefühl hatte, sich in die andere Person hineinzubegeben. Ihr wurde klar, dass einer der Gründe für ihren Widerstand gegen die Weiterentwicklung ihrer hellseherischen Praxis darin lag, dass sie sich nach jeder Sitzung ausgelaugt und desorientiert fühlte. „Ich scheine zu der anderen Person zu werden“, sagte sie. „Manchmal dauert es bis zum nächsten Tag, bis ich mich wieder wie ich selbst fühle.“

Wir fuhren mit den Übungen des Realization Process fort, und Shana gewöhnte sich daran, sich auf den Raum einzustimmen, der uns beide durchzog, ohne ihren eigenen Körper zu verlassen. Sie berichtete, dass sie nun anfing, diese Art der Einstimmung in ihr Hellsehen zu integrieren. „Es fühlt sich an, als ob nun der Raum selbst die Bilder enthüllt. Ich muss mich gar nicht bewegen. Ich empfange einfach nur, was da ist. Es fühlt sich irgendwie subtiler an als die Art meiner früheren Sitzungen. Und es kostet auf jeden Fall weniger Anstrengung.“

Eben diese Leichtigkeit beschreiben auch Psychotherapeuten und Körperarbeiter in ihrer Rolle als Heilende, wenn sie sich für die subtile Dimension ihres Bewusstseins öffnen. Anstatt sich anzustrengen, empathisch zu sein und zur richtigen Zeit das Richtige zu sagen, kommt es ihnen eher so vor, als ob der Heilungsprozess sich spontan entfaltet. Im offenen Raum können sie sowohl die Botschaften des Klienten als auch ihre eigenen Reaktionen darauf erfassen. Wahrhaftige Offenheit für den Moment ist heutzutage ein anerkannter Bestandteil therapeutischer Techniken, selbst in eher konservativen Lagern des psychotherapeutischen Feldes. Das Bewohnen des Körpers und die Einstimmung auf essenzielles Bewusstsein kann diese Haltung des offenen Geistes und offenen Herzens in der heilsamen Begegnung unterstützen.

Verstrickungen aus frühen Beziehungen lösen

Eines Tages, während Shana und ich gerade die Einstimmung auf essenzielles Bewusstsein übten, tauchte in Shana ein lebhaftes Bild ihrer Beziehung zu ihrer Mutter auf.

„Ich sehe uns beide zusammensitzen. Es war so schwer, mit ihr in Kontakt zu kommen, ich weiß nicht, warum. Aber ich kann mich daran erinnern, dass ich versuchte, ihren Ausdruck zu deuten und zu fühlen, was sie fühlte." Dann verwandelte ein Ausdruck sehr tiefen Bedauerns Shanas Gesicht. „Sie starb vor drei Jahren. Ich bin die einzige in der Familie, die nicht mit ihr zurechtkam. Meine zwei Schwestern standen ihr beide so nahe. Ich weiß nicht, was mich davon abhielt, sie wirklich zu lieben." Sie machte eine Pause und sah mich schuldbewusst an. „Ich habe das noch nie jemandem eingestanden. Ich habe mich auch nicht wirklich von ihr geliebt gefühlt, aber ich glaube, das war einfach mein Fehler, ich konnte ihre Liebe nicht annehmen. Es war eines der Dinge, wegen denen ich mich so fremd in der Familie fühlte. Es gab diesen Kreis der Liebe, und ich blieb außen vor."

Um ihr verstehen zu helfen, wie diese Beziehung sich auf sie ausgewirkt hatte, brachte ich Shana die Übung bei, bei der sie sich vorstellte, ihre Mutter vor sich zu haben. Ich stellte einen leeren Stuhl vor sie und drehte meinen eigenen Stuhl so, dass ich in geringem Abstand zu ihr in die gleiche Richtung blickte. Wir schauten beide auf den leeren Stuhl.

„Beginnen Sie zu spüren, dass sie innerhalb Ihres gesamten Körpers auf einmal sind", sagte ich zu ihr. „Stimmen Sie sich auf die Qualität Ihres Selbst in Ihrem gesamten Körper ein."

„Stellen Sie sich jetzt vor, ihre Mutter säße in dem Stuhl vor Ihnen. Nehmen Sie wahr, dass der Raum, der Ihren Körper durchzieht, sie ebenfalls durchzieht. Beobachten Sie, was in Ihrem Körper geschieht, während Sie das tun."

Während Shana meinen Anleitungen folgte, spürte ich, wie ihr Herz sich zusammenzog.

„Es ist so seltsam", sagte sie. „All diese Energie kommt auf mich zu, aber es fühlt sich für mich einfach nicht wie Liebe an. Und ihre Augen! Ich kann sie nicht ansehen." Shana wandte sich von dem Stuhl ab und schloss fest ihre eigenen Augen, wie um sich vor einem schrecklichen Anblick zu schützen.

„Wie sind ihre Augen?", fragte ich.

Unter großen Mühen öffnete Shana die Augen und warf einen flüchtigen Blick zurück auf das Bild ihrer Mutter in dem Stuhl. „Sie sind ganz verschwommen. Es ist, als ob sie mich nicht anschaut. Ich weiß nicht, warum mir das so viel ausmacht. Wollte ich einfach nur Aufmerksamkeit?"

„Alle Kinder wollen Aufmerksamkeit", sagte ich. „Und echten Kontakt. Wenn wir klein sind, müssen wir verstanden werden, damit wir uns selbst verstehen können."

„Das ist es. Sie hat immer gesagt, wie sehr sie mich liebe, aber sie hat mich nicht verstanden. Was bringt das schon? Ich weiß, dass das egoistisch klingt; alle in der Familie sagen, dass ich egoistisch bin."

Shana hielt ihre Hand noch immer wie ein Schutzschild über ihre Brust.

Ich fragte: „Was für eine Energie kommt aus ihrer Brust?"

Shana brauchte lange, bevor sie antwortete. „Dort ist Liebe; es liegt etwas Süßes darin", sagte sie schließlich. „Es ist auch viel Bedürftigkeit darin. Es ist, als ob sie etwas von mir braucht, das ich ihr aber nicht gebe, und sie ist wütend und verletzt. Wissen Sie, sie scheint sehr jung zu sein. Ich habe das noch nie gesehen, aber sie kommt mir vor wie ein kleines Mädchen."

Shana nahm ihre Hand von der Brust und entspannte ihr Herz. „Es tut mir sehr leid", flüsterte sie dem Bild ihrer Mutter zu. „Es tut mir sehr leid, dass ich mich nicht um Dich kümmern konnte." Shana saß lange Zeit weinend da, und ihre Tränen schienen von einem viel tieferen Ort zu kommen, als ich es je zuvor an ihr gesehen hatte. In ihrem Schluchzen konnte ich ihre echte Stimme hören.

Sie wandte sich zu mir um und wurde still und nachdenklich. „Ich musste mich schützen, stimmt's? Meine Schwestern sind einfach mit ihr verschmolzen, sie wurden zu einem großen Klumpen aus Liebe und Bedürftigkeit. Jetzt sind sie völlig verloren." Sie lächelte mich an. „Ich weiß, ich war ja selbst ziemlich verloren. Aber sie sind wirklich nirgends; wenn ich sie besuche ist es, als ob wirklich niemand da wäre. Wie wenn sie einfach nur so tun, als ob. Aber irgendwie scheinen sie sich selbst nicht zu vermissen. Ich wusste wenigstens, dass mir etwas fehlte."

„Ja", sagte ich. „Und schon als Sie klein waren, haben Sie gewusst, dass es etwas gab, das sie schützen mussten."

„Ich glaube, es kehrt jetzt zu mir zurück", sagte sie mit verwunderter Stimme. „Ich kann spüren, wie mein Geist arbeitet, meine Gefühle. Ich fühle mich, als ob ich wirklich hier wäre."

Schon oft ist gesagt worden, dass die Öffnung hin zu unserer spirituellen Essenz uns ein Gefühl der Lebendigkeit im gegenwärtigen Moment vermittelt, des Daseins im Hier und Jetzt. Wenn wir unsere Körper bewohnen, haben wir in unserem gesamten Sein dieses Gespür für den gegenwärtigen Moment. Erst kürzlich erzählte mir ein Mann, der sich in der Ausbildung zum Lehrer für den Realization Process befindet, dass er Jahre damit zubrachte, sich auf das „Jetzt" einzustimmen, aber nie zuvor das „Hier" gespürt hatte.

Der spirituelle Nutzen der Vorstellungskraft

Shana benutzte ihre reiche Vorstellungskraft dazu, eine Persona zu erschaffen, die die intensiven Gefühle des Andersseins und der Getrenntheit, die sie in ihrem Elternhaus erlebt hatte, einerseits zum Ausdruck brachte und sie andererseits vor diesen Gefühlen schützte. Das Selbstbild eines übermächtigen, nicht von dieser Erde stammenden Wesens erlaubte ihr, sich zusammenzuhalten und genügend Selbstbewusstsein zu bewahren, um im Leben zu funktionieren. Es hielt allerdings auch ihre Gefühle der Andersartigkeit und der Getrenntheit von anderen Menschen aufrecht und verdeckte den spirituellen Urgrund ihres Seins.

Als Shana Freiheit von ihrer Persona gewann, büßte sie ihre außergewöhnliche Vorstellungsgabe nicht ein. Sie stellte stattdessen fest, dass sie ihre Vorstellung bewusst einsetzen konnte, um sich das Leben zu gestalten, das sie führen wollte. Einige Monate lang verwendete sie täglich zwanzig Minuten darauf, sich selbst als Hellseherin zu visualisieren, die eine große, florierende Praxis führte. In ihrer Visualisierung war sie selbstsicher und erfuhr Wertschätzung von den Menschen, die kamen, um mit ihr zu arbeiten. Sie erzählte mir, dass ihre Praxis sich bereits nach wenigen Wochen dieser Visualisierung auf das Doppelte vergrößert hatte.

Auch wenn ich nicht sagen kann, wie es funktioniert, so haben mir doch viele Menschen von eben dieser Fähigkeit berichtet, ihre Umstände oder ihre körperliche Gesundheit durch den Gebrauch ihrer Vorstellung zu beeinflussen. Tibetische Buddhisten benutzen eine Visualisierungstechnik, bei der sie sich selbst als eine Gottheit vorstellen. Die Visualisierung einer Gottheit kann positive Eigenschaften wie etwa Mitgefühl oder geistige Klarheit fördern. Indem wir uns uns selbst als vollkommene, aus Licht bestehende Wesen vorstellen, können wir möglicherweise auch einige der schützenden Haltemuster loslassen, die unser Licht verdecken. Allerdings sollte jedes Bild, das wir zu unserer Weiterentwicklung einsetzen, am Ende der Visualisierung wieder aufgelöst werden, sonst wird es selbst zu einem Haltemuster.

Uns selbst zu verkörpern kann uns dabei helfen, von einem Fantasieleben zu einer authentischen Wahrnehmung unserer selbst und der Welt zu gelangen. Spirituelle Reife ist allem voran ein Prozess der Echtwerdung. Echt zu werden bedeutet, dass wir in jedem Aspekt unseres Seins empfänglich für das Leben und vollkommen lebendig in unserem Körper sind.

Übung 13 Spüren, wie uns die Beziehung zu unseren Eltern geprägt hat

Spüren Sie, dass Sie in Ihrem gesamten Körper sind. Richten Sie Ihre Aufmerksamkeit auf den Raum außerhalb Ihres Körpers. Nehmen Sie wahr, dass es sich bei dem Raum innerhalb und außerhalb Ihres Körpers um ein und denselben, kontinuierlichen Raum handelt. Stellen Sie sich vor, dass sich eines Ihrer Elternteile vor Ihnen befindet.

Nehmen Sie wahr, dass der Raum, der Sie durchzieht, ebenso Ihr Elternteil durchzieht.

Richten Sie Ihre Aufmerksamkeit auf den Raum, der Ihren gesamten Körper und den Kopf Ihres Elternteils durchzieht. Lassen Sie sich die Qualität im Inneren seines oder ihres Kopfes sehen oder spüren. Achten Sie dabei auf jegliche Reaktionen (wie etwa ein Zusammenziehen) in Ihrem eigenen Körper.

Richten Sie Ihre Aufmerksamkeit auf den Raum, der Ihren ganzen Körper und den Hals Ihres Elternteils durchzieht. Lassen Sie sich die Qualität in ihrem oder seinem Hals sehen oder spüren. Achten Sie dabei auf jegliche Reaktionen in Ihrem eigenen Körper.

Richten Sie Ihre Aufmerksamkeit auf den Raum, der Ihren ganzen Körper und den Brustraum Ihres Elternteils durchzieht. Lassen Sie sich die Qualität in ihrem oder seinem Brustraum sehen oder spüren. Achten Sie dabei auf jegliche Reaktionen in Ihrem eigenen Körper.

Richten Sie Ihre Aufmerksamkeit auf den Raum, der Ihren ganzen Körper und die Körpermitte Ihres Elternteils durchzieht. Lassen Sie sich die Qualität in ihrer oder seiner Körpermitte sehen oder spüren. Achten Sie dabei auf jegliche Reaktionen in Ihrem eigenen Körper.

Richten Sie Ihre Aufmerksamkeit auf den Raum, der Ihren ganzen Körper und das Becken Ihres Elternteils durchzieht. Lassen Sie sich die Qualität in ihrem oder seinem Becken sehen oder spüren. Achten Sie dabei auf jegliche Reaktionen in Ihrem eigenen Körper.

Falls sich ein Bereich Ihres Körpers im Verlauf dieser Übung zusammengezogen hat, gehen Sie zurück zu jenem Teil des Körpers Ihres Elternteils, der das Zusammenziehen in Ihnen hervorgerufen hat. Lassen Sie sich spüren, warum Sie sich in der Beziehung zu Ihrem Elternteil zusammenziehen.

Probieren Sie jetzt, ob Sie den Teil Ihres Körpers, den Sie zusammengezogen haben, bewohnen können, während Sie sich weiterhin vorstellen, den Elternteil vor sich zu haben. Stimmen Sie sich auf diejenige Qualität Ihres Seins ein, die mit diesem Teil Ihres Körpers zu tun hat (Verständnis, Stimme, Liebe, Kraft oder Geschlechtlichkeit).

Lösen Sie das Bild Ihres Elternteils auf. Spüren Sie, dass Sie in Ihrem gesamten Körper sind und nehmen Sie tiefen innerlichen Kontakt zu sich auf. Stimmen Sie sich auf die Qualität Ihres Selbst in Ihrem gesamten Körper ein.

Kapitel 8

Fremdheit: Die Herausforderung der Akzeptanz

Viele spirituell begabte Menschen wachsen in dem Gefühl heran, im Exil zu leben, „Fremde in einem fremden Land" zu sein. Ähnlich wie Besucher eines fremden Landes scheinen sie das Leben von einem Blickwinkel aus zu beobachten, der den Einheimischen verborgen bleibt. Wie aus einiger Distanz blicken sie darauf und bemerken Muster und Brüche, die von Nahem nicht zu erkennen sind. Sie haben ein Talent dafür, Situationen als Ganzes zu erfassen und über die konventionellen, einvernehmlichen Wahrnehmungen ihrer Familie oder der Gesellschaft hinauszublicken. Ihre Fähigkeit, Situationen im Ganzen zu begreifen, ermöglicht es ihnen, tieferliegende Bedeutungen von Ereignissen zu erkennen, die andere möglicherweise gar nicht in Betracht ziehen.

Diese Sensibilität kann sich zu visionärer Einsichtskraft entwickeln, ein integraler Aspekt spiritueller Reife. Sie kann originelle, spontane Gedanken hervorbringen, was meist als sehr freudvoll erlebt wird. Sie kann zu Weisheit heranreifen und, wenn die emotionalen Fähigkeiten gut entwickelt sind, zu Mitgefühl werden, das aus Verständnis und bedingungsloser Liebe besteht.

Diese Gabe kann aber auch eine Quelle von Einsamkeit und Verwirrung sein. Als Kinder sehen diese weitblickenden Menschen oft genau das, was sie nicht sehen sollen. Sie durchschauen die Masken der Korrektheit, das erzwungene Lächeln oder die kleinen und großen Lügen, die im familiären Heim den Schein des Friedens wahren. Mit einiger Wahrscheinlichkeit werden sie diejenigen sein, die mit ihren Beobachtungen die gekünstelte Harmonie stören und für die resultierenden Konflikte beschuldigt werden. Als Überbringer von schlechten Nachrichten werden sie womöglich zu Sündenböcken für familiäre Probleme. Sie sind diejenigen, die einfach nicht zurechtkommen, die nicht wie die anderen Familienmitglieder alle brav lieb haben.

Das Unvermögen, sich in die eigene Familie einzufügen, ist ein schreckliches Dilemma für Kinder, die natürlicherweise Liebe empfinden und von den Menschen um sie herum ebenfalls Liebe brauchen. Zwischen der Wahrheit der eigenen Wahrnehmungen und der Zuneigung der Familie wählen zu müssen ist eine völlige Überforderung. Sie wirkt sich drastisch auf die Glaubenssätze und die Persönlichkeit der Kinder aus. Vielleicht kommen sie zu dem Schluss, dass ihre eigenen Wahrnehmungen verzerrt sind, wachsen mit Selbstzweifeln und Misstrauen anderen gegenüber auf und wissen nicht, wessen Version der Geschehnisse sie Glauben schenken sollen. Oder vielleicht beschützen sie ihre Sensibilität für die Wahrheit um den Preis der familiären Wärme und identifizieren sich mit der Rolle eines unbeteiligten Zuschauers. Dann betrachten sie sich selbst möglicherweise als irgendwie gefährlich, oder als Außenseiter, ausgegrenzt aus dem Kreis der Familie und der Gesellschaft.

Wenn sie älter werden, kann ihre Suche nach etwas, das wahr und sinnvoll ist, ihnen eine gewisse Sinnlosigkeit offenbaren. Sie können sich der Vergeblichkeit allen menschlichen Strebens oder unserer Sterblichkeit, die den menschlichen Ambitionen Hohn spricht, schmerzlich bewusst sein. Und unter Umständen gelingt es ihnen nicht, in ihrem Leben eine Richtung zu finden, die ihnen verfolgenswert erscheint.

Diese begabten Sehenden betrachten die Welt möglicherweise als nicht ganz real, als ein Spiel oder einen Film. Die Sehnsüchte und Verluste, die den Spielenden alles bedeuten, kommen den scharfsinnigen Beobachtern wie ein großes Drama vor, wie viel Wind um nichts. Sie gehören nicht zu den Teilnehmenden und fühlen sich nicht wirklich beteiligt oder bewegt. Manchmal bleiben sie auf dem Weg von der Ablehnung konventioneller Wertvorstellungen zum Finden und wirklichen Wertschätzen ihrer eigenen Werte stecken. Sie haben zwar die Anhäufung von Errungenschaften, Verpflichtungen und Besitztümern, an denen andere sich erfreuen, gemieden, ihre eigene Quelle des Glücks allerdings noch nicht gefunden. Ihr Leben ist ein Drahtseilakt zwischen dem oberflächlichen Lebensstil, den sie ablehnen, und der Tiefe, in der sie die Wirklichkeit, nach der sie suchen, vermuten.

In einer beschädigten Welt leben

Ben kam zu mir, weil er im Alter von fünfzig noch immer keinen Weg gefunden hatte, seinen Lebensunterhalt auf eine ihn zufriedenstellende Weise zu verdienen. Er hatte sich selbst als Rebell betrachtet, sein Leben ein „Tanz auf dem Vulkan", und war nun in seinen mittleren Jahren überrascht, tief in sich ein Gefühl des persönlichen Versagens zu verspüren. Die Auflistung all der verschiedenen Jobs in verschiedensten Gegenden in den USA und in Europa, in denen er sich seit seiner Jugend ausprobiert hatte, nahm fast unsere gesamte erste Sitzung in Anspruch. Er berichtete mir davon auf flapsige und zugleich verunsicherte Weise. Er schien anzunehmen, dass ich ihn als Verlierer betrachten würde und nannte sich spaßhaft „diesen Tollpatsch". *Eine* Hoffnung für seine Zukunft hegte er allerdings. Er hoffte, dass das „System" der Gesellschaft scheitern würde. Es hatte viele Prophezeiungen gegeben, dass dieses Scheitern kurz bevor stand. Die Vorhersagen zeichneten das Bild einer Welt im Chaos, in der Banken, Computer und Regierungsbehörden lahmgelegt waren. Ben erwartete ungeduldig das Ende eines sozialen Systems, dass er als korrupt, gierig, oberflächlich und brutal betrachtete. Seine Voraussagen endeten damit aber nicht. Er stellte sich vor, dass er in dem darauf folgenden Chaos schließlich seinen rechtmäßigen Platz finden würde; endlich würde er motiviert sein, sich einzubringen.

Apokalyptische Visionen, in denen die Bösen zur Rechenschaft gezogen und die Guten belohnt werden, sind spätestens seit der Zeit der Propheten des Alten Testaments Teil unseres spirituellen Vermächtnisses. Die

Bibel enthält lebhafte Beschreibungen des Entsetzens und der Rage der Propheten angesichts der verderbten Welt. Viele der Menschen, mit denen ich arbeite, bringen die gleiche Empörung über die Ungerechtigkeit und die Verschmutzung in der Welt zum Ausdruck. Einige sind fest davon überzeugt, dass unsere Gesellschaft drauf und dran ist, zu zerbröckeln und zu verschwinden. Manche sprechen davon panisch, andere erleichtert, aber fast niemand traurig. Sie fühlen sich mit der Gesellschaft, in der sie aufwuchsen, wenig identifiziert oder verbunden, und sie wären froh, sie verschwinden zu sehen.

Ben, so stellte sich heraus, war in seinem eigenen Babylon aufgewachsen – in einer Familie voller sehr mächtiger, aber nicht vertrauenswürdiger Leute, deren Wertevorstellungen Ben bereits im Alter von fünf Jahren ablehnte. „Ich konnte die Lügen auf ihren Gesichtern sehen", erzählte er mir, „aber niemand anderes konnte das. Alle fanden unsere Familie super."

Dennoch liebte er sie auch, zumal es sich um seine Familie handelte, und es gelang ihm nie, sich gänzlich von ihrem Standpunkt und ihrem „System" zu befreien. Obwohl er sein Elternhaus verließ, sobald er alt genug dafür war, und sorgfältig jedweden finanziellen oder sozialen Erfolg vermied, der die Ambitionen seiner Familie widergespiegelt hätte, betrachtete er sich doch durch ihre missbilligenden Augen. Diese chronische Geringschätzung zehrte an seiner Kraft und bremste jegliche Initiative, etwas zu tun, aus. Er war der Außenseiter, der Versager. Er war in seiner Rebellion auf halber Strecke gefangen; er lehnte die Werte der Familie ab, war aber nicht imstande, im Sinne seiner eigenen Werte erfolgreich zu sein.

Ben wusste, dass er spirituell begabt war. Einige spirituelle Lehrer hatten ihn sogar dazu ermutigt, diese Gabe weiterzuentwickeln. Seine Zurückhaltung, diesem Rat zu folgen, verwunderte ihn selbst, ging es dabei doch um eine gänzlich andere Art von Leistung, als bei allem, was man in seiner Familie je angestrebt hatte. Spirituelle Praxis war eine ganz private Angelegenheit. Sie würde ihn nicht heraus führen in die Welt, die er abgelehnt hatte; möglicherweise würde sie ihm sogar helfen, sich davon zu lösen. Als wir über diese Frage nachsannen, füllten sich Bens

Augen mit Sehnsucht, aber es schien sich nicht um eine spirituelle Sehnsucht zu handeln. Es war der gleiche Ausdruck, den er hatte, wenn er über die Entfremdung von seiner Familie sprach. Er konnte sich nicht dazu durchringen, sie hinter sich zu lassen, um ganz und gar zu der Person zu werden, die sie niemals würden verstehen können. Er hielt an der Hoffnung fest, dass seine Familie sich ändern würde. Seine Klarsichtigkeit hatte nicht nur deren destruktive Gier enthüllt, sondern unter ihrer Angst und ihrem Hass auch die schmerzlich unterdrückte Liebe. Er wünschte sich, dass das ganze System, in dem sie so scheinbar blindlings erfolgreich waren, zerstört würde, damit sie alle frei wären.

Auf den ersten Blick schien Ben in der Vergeblichkeit festzustecken. In der Tat war er äußerst idealistisch. Die meisten Menschen blenden die Grausamkeiten der Gesellschaft aus, Ben hingegen fand sie unerträglich. Er glaubte daran, dass das Leben auch anders sein konnte. Er stellte sich vor, dass die Güte der menschlichen Natur aus ihrer Gefangenschaft ausbrechen und eine neue Welt auf den Ruinen der alten erschaffen würde. In dieser neuen Welt würde er endlich atmen können. Er würde sich stark und entschlossen fühlen.

Bens Körper schien die Passivität und Hilflosigkeit zu reflektieren, die er bezüglich seines Platzes in der Welt zum Ausdruck brachte. Während unserer Sitzungen saß er für gewöhnlich mit eingefallenem Brustkorb in die Couch versunken da, in einer niedergeschlagenen Haltung. Als ich ihm die Übung zum Bewohnen seines Körpers beibrachte, bemerkte ich direkt unter seinem eingesunkenen Äußeren eine Straffheit, so etwas wie eine Bereitschaft, sich gegen einen körperlichen Angriff zur Wehr zu setzen. Obwohl er in einem passiven Zustand zu sein schien, war er nicht wirklich zugänglich für seine Umgebung; er ließ das Leben weder herein noch heraus.

Als ich ihm meinen Eindruck mitteilte, dass er für einen Kampf gerüstet sei, beteuerte er, nie von jemandem aus seiner Familie geschlagen worden zu sein und die ruppigen Spiele seiner Altersgenossen immer gemieden zu haben. Als er sich jedoch der Straffheit in seinem Körper gewahr wurde, erinnerte er sich, in seinem Elternhaus wirklich oft ein Gefühl der Bedrohung gehabt zu haben. „Es waren vor allem die

Geräusche", sagt er. „Die Geräusche ihrer Stimmen. Mein Bruder und meine Schwester waren immer so laut. Sie haben nicht richtig gestritten. Sie haben nur um Aufmerksamkeit gerangelt, glaube ich. Sie haben so miteinander gewetteifert."

„Warum haben Sie nicht mit ihnen konkurriert?", fragte ich.

Seine Antwort darauf bestand lediglich in einem sanften Lächeln, und auf einmal sah ich das Kind, das er gewesen war: ein äußerst zartes, intelligentes Kind, das aussah, als entstammte es längst vergangenen Zeiten. Zartheit wurde in seiner ambitionierten Familie nicht geschätzt. In seiner Familie war nur ein Tollpatsch zart.

Als Ben übte, seinen Körper zu bewohnen, leitete ich ihn außerdem dazu an, die Weichheit und Sanftheit in einem jeden Teil seiner selbst zu spüren. Da Liebe eine der essenziellen Qualitäten unseres Seins ist, können wir spüren, dass unser ganzer Körper aus Liebe besteht. Ich bat ihn auch, sich in jedem Teil seines Körpers jeweils einen Moment Zeit zu nehmen und die Sanftheit wertzuschätzen, die er dort spürte. Ben schien bei dieser Übung in Selbst-Wertschätzung verlegen, aber auch erleichtert zu sein. Es war wie die Erlaubnis zu etwas, das er sein ganzes Leben lang geheim gehalten hatte.

Nach einigen Monaten der Übung bemerkten wir beide, dass die Straffheit in seiner Stirn ausgeprägter wurde, je mehr er dem Rest seines Körpers erlaubte, weich zu werden. Ich bat ihn, zu versuchen, sich in diesen Teil seines Körpers zu begeben und zu sehen, was er fühlte. Als Ben seine Stirn bewohnte, kehrte die gewohnte Straffheit in seinen Körper zurück. Einen Moment später sah er mich mit einer eigenartigen Mischung aus Triumph und Schuld an.

„Wow", sagte er, „das habe ich noch nie zuvor so gesehen. Ich glaube, sie haben Angst vor mir. Sie wissen, dass ich sie durchschaue und haben Angst. Ich habe immer geglaubt, dass sie mich ablehnten, weil ich nicht mit ihnen mithalten konnte. Aber sie haben Angst. Ha! Es fühlt sich an, als ob ein Stachel aus meiner Stirn käme."

Ben drehte seinen Kopf langsam von einer Seite zur anderen, als wolle er die Grausamkeit des Stachels demonstrieren. „Das sieht wirklich ziemlich einschüchternd aus", bemerkte ich.

Nachdem er seine Sanftheit akzeptiert hatte, musste Ben jetzt die Kraft seines Weitblicks anerkennen. Diese beiden Merkmale hatten ihn in seinem Elternhaus zu einem Außenseiter gemacht.

In den folgenden Sitzungen übte Ben weiterhin, seinen Körper zu bewohnen. Am schwierigsten war es für ihn, sein Gehirn vollständig zu verkörpern. Ich legte meine Hände auf beide Seiten seines Kopfes und bat ihn, zu spüren, dass er zwischen meinen Händen war. Das half ihm dabei, in einen ihm unvertrauten Bereich seiner selbst zurückzukehren. Wie viele Menschen hielt Ben sich vor allem im vorderen Teil seines Gehirns auf. Ben hatte von Kindesbeinen an seine Intelligenz als Waffe eingesetzt, um sich vor der Ignoranz um sich herum zu schützen und ihr etwas entgegenzusetzen, und so war diese Tendenz in ihm besonders ausgeprägt.

Zunächst hatte er Angst, dass es sich zu verletzlich anfühlen würde, innerhalb seines gesamten Kopfes zu leben, statt lediglich im vorderen Bereich. Er konnte auch spüren, dass die Ausdehnung aus seiner Stirn heraus – sein „Stachel" – ihn nach vorne und aufwärts aus seinem Körper heraus verschob. Als er schließlich imstande war, sein ganzes Gehirn zu bewohnen, konnte er sich auch nach unten in seinen gesamten Körper begeben. Dann konnte er zum ersten Mal in seiner Körpermitte die wirkliche Qualität von Kraft spüren. Als er sie spürte, lachte er: „Ich dachte, Sie hätten sich das nur ausgedacht."

Jetzt bat ich ihn, aufzustehen und zu spüren, dass er in seinem ganzen Körper auf einmal war.

„Stimmen Sie sich auf die Qualität des Selbst in Ihrem ganzen Körper ein", sagte ich.

Als Ben das tat, strahlte er eine Kraft aus, die ich noch nie an ihm gesehen hatte. Dabei verströmte er jene wahrhaftige Sanftheit und Bescheidenheit, die in seiner Kindheit dafür gesorgt hatten, dass er sich so isoliert fühlte. Essenzielles Bewusstsein, das unseren Körper durchzieht, ist die Integration von Yin und Yang. Es ist gleichzeitig mächtig und sanft, aktiv und empfänglich, leer und strahlend.

Die Akzeptanz seiner selbst, sowohl seiner Sanftheit als auch seiner Kraft, veränderte nach und nach Bens Beziehung zur Welt um ihn herum. Immer noch gefiel ihm vieles, was er sah, nicht, und er glaubte auch immer noch, dass nur eine gewaltige Umwälzung die Dinge in Ordnung bringen konnte, aber ihm wurde auch klar, dass er nicht auf diesen Umbruch warten musste, um das Leben zu leben, das er wollte.

Unsere Verwundungen akzeptieren

Spirituell sensible Menschen haben oft den Eindruck, von der Destruktivität in ihrer Umgebung angesteckt zu werden. Daher widmen manche sich rigorosen spirituellen Praktiken, um sich von dieser Verschmutzung zu reinigen und auch, um dabei die Begrenztheit des weltlichen Lebens zu überschreiten. Dieses Vorgehen kann dazu führen, den Konflikt mit dem Umfeld und sogar mit der eigenen Menschlichkeit aufrechtzuerhalten. Es kann diese Menschen in einer Blase von angestrebter Perfektion isolieren, die ständig durch ihre Interaktionen mit anderen gefährdet ist. Es kann auch anhaltende Selbstkritik und Enttäuschung zur Folge haben, wenn der Versuch, die eigenen Gedanken und Handlungen zu läutern, scheitert. Menschliche Wesen verfügen über ein enormes Potenzial zur Transformation. Wir können Mitgefühl entwickeln und unseren Geist allmählich von destruktiven Gedanken und einschränkenden Glaubenssätzen befreien – aber wir können Angst und Wut nicht wirklich aus unserem Geist und unserem Körper befreien, wenn wir noch immer Abneigung gegen die Welt oder Abscheu vor unserer eigenen Unvollkommenheit empfinden.

Ruth hatte, obwohl erst Anfang dreißig, bereits einen beeindruckenden Erfahrungsschatz an spiritueller Praxis, als sie zu mir kam. Sie hatte bei sehr angesehenen buddhistischen und hinduistischen Lehrern studiert. Sie erzählte mir, dass sie mindestens zwei Stunden eines jeden Tages mit spirituellen Praktiken verbrachte. Auch wenn ich unter der Oberfläche ihres Körpers eine ruhelose Energie spürte, hielt sie sich nahezu vollkommen still, und ihre Augen besaßen eine so routinierte Leere, als sei wirklich niemand da. Ich war mit einem der spirituellen Lehrer, die sie erwähnte, recht vertraut, ein resoluter, älterer Mann mit scharfem Blick und strahlendem Lächeln, völlig verschieden von der ausdruckslosen Miene dieser jungen Frau. Ich wunderte mich über diese Diskrepanz und fragte mich, was hier in der Übertragung zwischen Lehrer und Schülerin verloren gegangen war.

Als ich sie nach ihrer Kindheit fragte, war Ruth überrascht und enttäuscht. „Es gibt nur die Gegenwart", sagte sie mir.

„Ja", antwortete ich, „aber was wir in der Gegenwart aufnehmen können, ist durch unsere Vergangenheit konditioniert und begrenzt."

Nach einem Moment, in dem sie innerlich mit sich zu ringen schien, ging sie auf meine Erkundigung ein. „Also, wie es der Zufall so wollte, bin ich in einer Art Kriegsgebiet aufgewachsen. Meine Eltern stritten ununterbrochen miteinander, es war, als ob über mir die ganze Zeit Kanonengeschosse durch die Luft zischten. Als ich neun war, fing ich an, die Jahre zu zählen, die ich noch dort bleiben musste, und ging weg, sobald ich konnte."

Mit sechzehn Jahren begann Ruth, sich vegan zu ernähren. Mit siebzehn verließ sie ihr Elternhaus und trat in eine spirituelle Gemeinschaft ein. Man brachte ihr ein Sanskrit-Mantra bei, das sie den ganzen Tag still für sich wiederholte. „Ich bin endlich die wütenden Stimmen meiner Eltern in meinem Kopf losgeworden", sagte sie. Als Ruth mir davon erzählte, empfand ich Bewunderung für die kraftvolle Entschlossenheit, mit der sie ihre spirituelle Disziplin vorangetrieben hatte, und Sympathie für ihr energisches Wesen, das sie in der granitartigen Statue, die da auf meiner Couch saß, verbarg.

Im Verlauf ihrer jahrelangen Praxis las Ruth sowohl westliche Philosophie als auch östliche spirituelle Literatur in rauen Mengen. Von den östlichen Lehren hatte sie gelernt, dass sie gar nicht existiere und die Welt nichts sei als „eine Seifenblase". Darüber empfand sie große Erleichterung. „Kränkungen prallen nun einfach an mir ab", sagte sie.

„Wer kränkt Sie?", fragte ich.

„Viele Menschen kränken mich!", rief sie, aufgebracht über meine Dummheit. „Beleidigungen, schiefe Blicke, dumme Kommentare über meine Ernährung, alle möglichen negativen Bemerkungen – es geht darum, dass ich gar nicht mehr darauf reagiere."

„Wie fühlt es sich an, nicht zu existieren?", fragte ich.

„Wie es sich anfühlt? Es fühlt sich gar nicht an. Es ist keine Erfahrung. Ich bin einfach nicht mehr da", antwortete sie.

„Und wie ist es, nicht mehr da zu sein?"

„Es ist, als ob ich nichts bin, wie Anti-Materie. Ich möchte noch nicht mal ‚ich' sagen, weil es kein ‚ich' gibt, sondern bloß Leere. Noch nicht mal Leere, denn das klingt nach einem etwas, *eine Leere*. Das hier ist gar nichts."

„Also nehmen Sie nichts wahr?"

„Nein. Nichts. Ich habe Ihnen doch gesagt, dass hier niemand ist, der etwas wahrnehmen könnte."

Sie sah mich trotzig an; ich würdigte ihre Errungenschaft nicht in dem Maße, wie sie es erwartet hatte. Ich verstand jetzt die Maske der Leere in ihren Augen und die starre Bewegungslosigkeit ihres Körpers. Sie war zu dem Nichts geworden, genau so, wie sie es in ihren Büchern gelesen hatte. Indem sie sich kontinuierlich ins Gewahrsein rief, dass sie nicht existierte, ebenso wenig wie die Welt um sie herum, war sie in der Lage, die vielen aufreibenden Momente ihres Lebens durchzustehen, ohne auf sie zu reagieren.

Dieses abstrakte Verständnis von Leere oder dem Nichts ist etwas ganz anderes als die wirkliche Realisation unserer selbst und der Welt als essenzielles Bewusstsein. Diese Transparenz fühlt sich in der Tat an, als wären wir zum Nichts geworden, als hätten wir uns in den Raum aufgelöst. Aber das Mysteriöse ist, dass wir noch immer da sind, sogar noch präsenter für das Leben als zuvor. Wir mögen uns vielleicht in diesem Moment nicht als eigenständiges, wahrnehmendes, empfindendes Wesen betrachten oder reflektieren, aber wir sind immer noch da und unser Erleben, unsere Wahrnehmung und unsere Empfindungen sind sogar noch lebhafter als vor dieser Realisation. Wir müssen nicht still halten. Wir müssen uns nicht um eine Perspektive von Leerheit bemühen. Wir bestehen aus leerer Stille. Innerhalb dieses leeren Urgrunds bewegt sich das Leben flüssig, lebendig und spontan.

Ruth glaubte, die ultimative Läuterung gefunden zu haben. Nach Jahren, in denen sie ihren physischen Körper ausgezehrt hatte, fand sie eine Möglichkeit, sogar sich selbst aus sich zu vertreiben. Aber es funktionierte nicht ganz. Sie empfand noch immer nicht den Frieden, nach dem sie sich seit ihrer Kindheit so sehr sehnte.

Gegen Ende unserer ersten Sitzung wurde klar, warum sie an mich herangetreten war. Im Jahr zuvor war sie in Indien gewesen und hatte geplant, den Rest ihres Lebens im Aschram eines indischen Lehrers zu verbringen. Nach nur wenigen Monaten hatte ihr Lehrer sie zu ihrer Erschütterung angewiesen, nach Hause zurückzukehren. Seit damals fiel es ihr schwer, ihre spirituelle Praxis aufrechtzuerhalten. Sie schwankte zwischen Wut über das, was sich wie eine Zurückweisung durch ihren Lehrer anfühlte, und lähmenden Zweifeln an ihren spirituellen Fähigkeiten, sogar am Wert eines spirituellen Weges an sich.

„Vielleicht sollte ich das alles fallen lassen und Lehrerin werden, oder vielleicht Buchhalterin, wie mein Vater", sagte sie bitter. Sie sah mich mit vernichtender Verachtung an. „Ich hatte geglaubt, Sie könnten mir sagen, was ich tun soll", sagte sie. „Aber Sie sind nur ein ganz gewöhnlicher Mensch." Dann fügte sie, mit einem Mal hilflos geworden, hinzu: „Ich brauche Hilfe, wissen Sie."

Wir saßen einige Minuten in Stille zusammen. Ihre Augen hatten ihre starre Leere verloren und sie sah mich nun mit unverhohlenem Misstrauen und Ärger an. Alle paar Augenblicke änderte sie mit einer fahrigen Bewegung ihre Haltung ein wenig, so als ob kleine Explosionen ihr bewegungsloses Äußeres erschütterten. Ich erinnerte mich, dass wir uns in einem „Kriegsgebiet" befanden.

Schließlich sagte ich: „Ich glaube, wenn Sie versuchen, sich selbst loszuwerden, erzeugen Sie in sich einen Riss, der sie davon abhält, Ganzheit zu erlangen. Und Ganzheit ist naturgemäß leer, naturgemäß frei vom Fluss des Lebens."

Ruths Blick wurde schärfer. Es gab also noch mehr Philosophie, noch mehr, was sie verstehen konnte. „Und dann, wenn man Ganzheit erreicht, ist man sich dann nicht selbst los?", fragte sie.

„Nicht wirklich", sagte ich. „Es ist eher eine Verwirklichung des persönlichen Selbst. Das Selbst geht nicht weg – es erwacht. Essenzielles Bewusstsein ist unsere eigene Subjektivität, die sich selbst wahrnimmt oder realisiert. Der Zen-Philosoph Nishitani beschreibt es als die ‚absolut nahe Seite unserer selbst'."[11]

Unsere falschen Konstruktionen fallen tatsächlich weg, wenn wir unsere Essenz aufdecken; wir lassen unsere fixen Ideen über uns und die Welt los. Doch die verschiedenen Charakteristika unseres persönlichen Selbst stehen keineswegs in Konflikt mit unserer Realisation. Unsere Vorlieben, Bestrebungen und besonderen Talente sind uns sogar noch zugänglicher, wenn wir die Essenz unseres Seins aufdecken."

Ruth nahm diese neuen Informationen auf und saß lange Zeit da, um sie zu verdauen. Es war, als ob sie in die höhlenartigen Schlupfwinkel ihres Gehirns verschwunden sei, und nach einer Weile begann ich mich zu fragen, ob sie wohl zurückkehren würde. „Was halten Sie davon?", erkundigte ich mich schließlich.

„Oh", sagte sie. „Ich frage mich bloß, ob es stimmt, was Sie gesagt haben." Jetzt schien sich Angst in den Widerstand in ihrem Ausdruck zu mischen.

„Ja, das ist eine gute Frage", sagte ich. „Ich erzähle Ihnen lediglich, was ich aus meiner Erfahrung gelernt habe. Sie werden Ihre eigenen Erkenntnisse aus Ihrer eigenen Erfahrung ziehen." Ruth sah mich ein wenig überrascht an, und dann lief eine Woge des Kummers durch ihren Körper und ließ sie mit den Tränen kämpfen.

Einige Monate darauf, als das Vertrauen zwischen Ruth und mir gewachsen war, erklärte sie mir, warum dieser Moment in unserem Gespräch für sie wichtig gewesen war. Sie hatte sich plötzlich daran erinnert, dass sie als Kind immer verstanden hatte, was ihre Eltern voneinander brauchten, worum ein jeder von ihnen kämpfte und wie sie miteinander hätten Frieden schließen können. Es erschien ihr so klar, aber als sie versuchte, es den beiden zu erklären, taten sie ihre Einsichten als Unsinn ab. Die häufigste Erwiderung ihres Vaters lautete: „Du verstehst überhaupt nichts."

„Ich glaube, dieser Satz hallt in all meinen Zellen wider", sagte sie. „Ich habe so sehr versucht, etwas zu verstehen."

Als ich Ruth die Übung zum Bewohnen des Körpers beibrachte, wurde die Unruhe in ihrem Körper offensichtlicher. Sie wechselte oft ihre Haltung und schüttelte ihre Hände oder warf ihren Kopf hin und her, als ob sie eine surrende Mücke loswerden wollte. Schließlich schrie sie mich geradezu an: „Ich will das nicht machen. Ich will nicht hier sein. Ich muss nicht hier sein."

Ich entschloss mich zu schweigen, während ihre Worte im Raum nachhallten. Sie brauchte keine Erlaubnis von mir, um zu gehen. Und ihre Worte hatten eine tiefere Bedeutung, eine Bedeutung, die ihr Leben geprägt hatte, ohne jemals wirklich ausgesprochen worden zu sein.

In der Stille fing Ruth an, sich tiefer in ihrem Körper niederzulassen, das Schütteln und das Hin- und Herwerfen hörten auf. Schließlich sagte sie: „Es fühlt sich an wie Demut."

„Das Hiersein?"

„Ja. Als ob ich diesen Moment akzeptieren muss, um ihn wirklich zu leben. Einfach bloß Raum zu sein, fühlt sich sehr demütig an."

„Fühlt es sich verletzlich an?", fragte ich.

Ruth ließ die Frage einen Moment auf sich wirken. Dann lächelte sie, und plötzlich schien ihr ganzer Körper zum Leben zu erwachen. „Nein", sagte sie. „Es fühlt sich sehr stark an. Demütig und stark."

Als wir fortfuhren, legte ich bei den Anleitungen Wert darauf, ihr zu helfen, sich in ihrem Körper niederzulassen. „Spüren Sie, dass Sie in Ihren Beinen sind. Lassen Sie sich in Ihren Beinen nieder. Spüren Sie, dass Sie in Ihrem Becken sind. Lassen Sie sich in Ihrem Becken nieder."

Mit etwas Übung gelang es Ruth zu spüren, wie sie in jedem Teil ihres Körpers verweilen konnte. Sie spürte auch, wie jeder Teil ihres Körperinnenraums auf dem darunterliegenden Teil ruhte, etwa wie der Innenraum ihrer Brust auf dem Innenraum ihrer Körpermitte ruhte. Das half ihr, ihre innere Kontinuität zu spüren, so als ob sie eine durchgängige Säule inneren Raums sei. Auf die gleiche Weise ruhte jede Qualität ihres Seins auf der darunterliegenden Qualität (etwa die Qualität der Liebe auf der Qualität der Kraft), so dass alle Qualitäten ineinander übergingen. Zusammen brachten sie eine einzige Qualität hervor, die gefühlte Wahrnehmung ihrer Lebendigkeit.

Als Ruth deutlich spüren konnte, dass es sich bei dem Raum innerhalb und außerhalb ihres Körpers um ein und denselben, durchgehenden Raum handelte, fuhr ich mit den Anleitungen fort.

„Lassen Sie sich spüren, dass es keinen Unterschied zwischen Ihnen und dem Raum gibt“, sagte ich. „Sie sind der Raum.“ Jetzt fiel es Ruth leicht. Sie war verschwunden und trotzdem noch da, wach und hatte ein Lächeln auf dem Gesicht.

Ich sprach weiter: „Als dieser Raum können Sie jetzt jeglichen Inhalt Ihrer Erfahrung loslassen. Sie können Ihre innere Erfahrung loslassen und auch den Raum. Alles wird weiterhin da sein; Sie lösen nur ihren Griff danach.“

Ruth sagte: „Ich spüre, dass ich das nicht tun will.“

„Warum nicht?“, fragte ich.

„Ich glaube, dass die Raketengeschosse wieder losgehen, wenn ich loslasse. Es wird eine Katastrophe geben.“ Dann sah sie mich wie früher trotzig an. „Sie werden mir erzählen, dass alles aus einem guten Grund geschieht“, sagte sie. „Lassen Sie es einfach geschehen; alles passiert auf vollkommene Weise.“

Ich erwiderte stumm ihren Blick. Ruth sprach weiter: „Aber ich kann es doch nicht wissen, oder? Ich hab es satt, Sachen einfach zu glauben.“

Wir saßen noch einen Moment still zusammen. Dann schien Ruth sich zu entspannen. „Ich glaube, dass ich die Realität akzeptieren muss, auch wenn sie schlecht ist, auch wenn etwas ohne ‚guten Grund‘ passiert. Ich muss das Leben weitergehen lassen, das Gute und das Schlechte. Ich kann das.“ Ein tiefes Gefühl von Zufriedenheit machte sich im Raum breit. Sie war auf dem Weg, mit der rauen, unberechenbaren Welt Frieden zu schließen, nicht, indem sie sie ignorierte, sondern indem sie sie miteinbezog.

Die Akzeptanz unserer Menschlichkeit ist eine notwendige Voraussetzung, um den transzendenten Urgrund des Menschseins aufzudecken. Wenn wir unsere Intelligenz dazu verwenden, uns von unseren Gefühlen und Empfindungen oder von der uns umgebenden Welt zu trennen, dann fragmentieren wir uns und verdecken die ganzheitliche Essenz unseres Seins.

Wo auch immer wir mit dem Innenraum unseres Körpers in Kontakt sind, sind wir dem Leben gegenüber offen. Und wenn wir dem Leben gegenüber offen sind, transzendieren wir es auch. Wir nehmen unsere Verstrickung mit unserer Erfahrung wahr und befreien uns dadurch von ihr. Das Leben fließt durch uns hindurch.

Übung 14 Gehen als essenzielles Bewusstsein

Ich schlage vor, dass Sie diese Übung im Freien durchführen. Dabei können Sie spüren, dass der Raum, der Ihren Körper durchzieht, auch den Himmel, die Erde, die Bäume und andere Formen in der Natur durchzieht. Suchen Sie sich eine Strecke auf ebenem Grund, auf der Sie bequem gehen können.

Stehen Sie mit geöffneten Augen. Spüren Sie, dass Sie in Ihren Füßen sind. Nehmen Sie wahr, dass es keine Trennung zwischen Ihnen und dem Boden gibt. Spüren Sie, dass Sie innerhalb Ihres gesamten Körpers auf einmal sind. Stimmen Sie sich auf die Qualität Ihres Selbst in Ihrem ganzen Körper ein.

Gehen Sie langsam. Bleiben Sie dabei in Ihrem gesamten Körper und auf die Qualität des Selbst eingestimmt.

Richten Sie Ihre Aufmerksamkeit jetzt auf den Raum außerhalb Ihres Körpers. Nehmen Sie wahr, dass es sich bei dem Raum innerhalb und außerhalb Ihres Körpers um ein und denselben, kontinuierlichen Raum handelt.

Gehen Sie langsam. Nehmen Sie dabei wahr, wie der Raum ihren Körper und zugleich die Umgebung durchzieht. Bleiben Sie in Ihrem Körper, während Sie das tun.

Unser religiöses Vermächtnis aus Ost und West impliziert in vielem eine Abwertung des Lebens. Es sind keine gänzlich ausgereiften Lehren. Um die wirkliche spirituelle Dimension des Lebens aufzudecken, müssen wir unserer Erfahrung erlauben, ihre volle Wirkung auf unseren ganzen Körper und unser ganzes Sein zu entfalten. Indem wir unseren Körper bewohnen, können wir diese Wirkung zulassen und sie vertiefen. Wir werden zu der unzerstörbaren Transparenz und der spontanen Empfindsamkeit unserer essenziellen Natur.

Der junge Mann, den ich in der Einleitung erwähnte, erzählte mir kürzlich, dass er, seit er sich in seinen Körper begeben hat, „weniger Kluft" zwischen sich und der Welt empfindet. Das Gefühl, in seinem Körper gegenwärtiger zu sein und von dort aus in die Welt zu blicken, ersetzt langsam sein lebenslanges Ringen um Selbstbewusstsein und seine lähmende Angst davor, von anderen gesehen und verurteilt zu werden.

Als er das zu mir sagte, erinnerte ich mich plötzlich, wie ich vor vielen Jahren einmal auf dem Bahnsteig einer U-Bahn stand und mich so anders als die anderen Leute fühlte, dass ich dachte, ich würde niemals imstande sein, die Kluft zwischen mir und der Welt um mich herum zu überbrücken. Seit damals hat die allmähliche innere Reifung, das Anfüllen meines Körpers mit essenziellem Bewusstsein, mit der reinen Subjektivität, die in uns allen die gleiche ist, jene Illusion der Distanz zwischen mir und anderen Menschen aufgelöst.

Ich hoffe, dieses Buch hat Ihnen geholfen, mehr Akzeptanz und Wertschätzung für Ihre Sensibilität, Ihre Gefühlstiefe und Ihren weiten Geist zu entwickeln. Eine jede dieser Gaben ist eine Eintrittspforte in Ihre wahre Natur, die wunderbarer ist als alles, was wir uns vorstellen können. Wie wir an den Menschen, die ich hier beschrieben habe, gesehen haben und wie Sie vielleicht aus eigener Erfahrung wissen, können diese Gaben ebenso Schmerz wie Freude bereiten. Sie rufen uns dazu auf, bestimmte Wunden zu heilen und uns bestimmten Herausforderungen in unserer Beziehung zur Welt zu stellen. Für jeden von uns legen sie einen einzigartigen Weg zu der ausgedehnten Weite im Kern unseres Wesens an. Wir wissen, dass wir hierher gehören, wenn wir in unserem eigenen Körper jenen einen Urgrund finden, der uns mit allem Leben verbindet, ganz innig und unmittelbar.

Anmerkungen

Kapitel 1 Verkörperung

1 Keiji Nishitani, Religion and Nothingness (Berkeley und Los Angeles: University of California Press, 1982), 164.

2 Heinz R. Pagels, Der kosmische Code: Quantenphysik als Sprache der Natur (Frankfurt / Main; Berlin; Wien: Ullstein, 1983).

3 John Daido Loori, Dharma-Vortrag, gehalten im Zen Mountain Monastery, circa 1982.

Kapitel 2 Der Realization Process

4 John Briggs, Fractals: The Patterns of Chaos (New York: Touchstone, 1992).

Kapitel 3 Heilung von Beziehungstraumata

5 Joseph LeDoux, Das Netz der Gefühle. Wie Emotionen entstehen (München; Wien: Hanser, 1998).

6 Elizabeth F. Howell, The Dissociative Mind (New York: Routledge, 2005).

7 ebd.

* Weißes Rauschen bezeichnet ein physikalisches Rauschen mit konstanter Amplitude, welches das Gehirn sehr intensiv und umfassend stimuliert. Es wird zur Überdeckung anderer Geräusche sowie unter anderem in der Gehirnforschung, der Hypnose und der Tinnitustherapie eingesetzt. (A. d. Ü.)

Kapitel 4 Dünne Haut

8 Elaine N. Aron, Sind Sie hochsensibel? Wie Sie Ihre Empfindsamkeit erkennen, verstehen und nutzen (Heidelberg: mvg, 2005).

9 Carol Kranowitz, The Out-of-Sync Child: Recognizing and Coping with Sensory Processing Disorder (New York: Perigee Trade, 2006).

Kapitel 7 Eine andere Gestalt annehmen

10 Carlos Castaneda, Die Lehren des Don Juan: Ein Yaqui-Weg des Wissens (Frankfurt / Main: Fischer 1972).

Kapitel 8 Fremdheit

11 Nishitani, Religion and Nothingness, 106.

Über die Autorin

Judith Blackstone entwickelte den Realization Process, der auf innovative Weise non-duales spirituelles Erwachen, psychologische Heilung und Verkörperung integriert. Sie leitet Seminare und Ausbildungen zum Realization Process in den Vereinigten Staaten und Europa, arbeitet in New York als Psychotherapeutin und ist Autorin von *The Intimate Life, The Empathic Ground, The Enlightenment Process* und *The Subtle Self.* Außerdem ist sie Gründerin und Leiterin des Nonduality Institute in New York.

Im Alter von zehn Jahren begann Judith Blackstone, mit einer Modern Dance Company in New York aufzutreten. Sie tanzte fünfzehn Jahre lang, bevor eine Rückenverletzung sie auf ihren spirituellen Weg führte. Seit annähernd vier Jahrzehnten praktiziert sie Meditation und studierte bei Lehrern aus der hinduistischen Tradition, dem Zen und dem Tibetischen Buddhismus. Der Realization Process entstand außerhalb traditioneller Überlieferungslinien als Reaktion auf die Bedürfnisse der Suchenden unserer Zeit. Weitere Informationen zum Realization Process finden Sie unter: www.judithblackstone.com.

Weitere Literatur aus dem Arbor Verlag

Kristin Neff

Selbstmitgefühl – Schritt für Schritt

Selbstmitgefühl ebnet psychischer und körperlicher Gesundheit den Weg – und es ist erlernbar. Dieses Buch stellt uns die Wirkung von Selbstmitgefühl vor und bietet praktische Anleitungen für die Entwicklung eines dauerhaften und unerschütterlichen Empfindens unseres menschlichen Selbstwerts.

Selbstmitgefühl ist ein wichtiger Erfolgsfaktor – ganz gleich, ob es um Stressreduktion, die Entwicklung gesunder Gewohnheiten, die Freisetzung unserer Kreativität oder auch den Umgang mit schweren und schwersten Krankheiten geht.

Selbstmitgefühl – Schritt für Schritt präsentiert das von Kristin Neff und Christopher Germer entwickelte Programm – wissenschaftlich fundiert, bewährt und erfolgreich. Leicht verständliche und wirkungsvolle Übungen bieten uns einen praktischen Ansatzpunkt, um in unserem Leben mehr Glück, Erfüllung und Liebe zu erfahren.

Buch und 4 CDs

ISBN 978-3-86781-117-0

Lynne Henderson

Finde den Mut, du selbst zu sein

Wie die Compassion Focused Therapy dabei helfen kann, Schüchternheit zu überwinden und soziales Vertrauen zu stärken

Schüchternheit kann außerordentlich hilfreich sein. Sie ermöglicht uns zu entscheiden, was wir sagen und wem wir vertrauen wollen. Doch wenn sie unseren Alltag stark beeinflusst und uns von sozialen Kontakten abhält, kann sie zum Problem werden.

Finde den Mut, du selbst zu sein zeigt, wie wir störender Schüchternheit begegnen können und wie wir Muster der Vermeidung erkennen und überwinden. Auf Grundlage der Compassion Focused Therapy entwickelt Lynne Henderson ein wirksames Programm, das uns Alternativen zu unseren bisherigen Verhaltensmustern aufzeigt und das Vertrauen in uns selbst und andere stärkt. So lernen wir zum einen, bei uns zu bleiben, und zum anderen, Risiken einzugehen, die uns unvergessliche Erfahrungen bescheren können.

Ein bahnbrechender, hilfreicher und aufschlussreicher Leitfaden, um Schüchternheit zu überwinden.

Paul Gilbert, Autor von *Mitgefühl*

ISBN 978-3-86781-057-9

Christopher Germer

Der achtsame Weg zum Selbstmitgefühl

Wie man sich von destruktiven Gedanken und Gefühlen befreit

Das Leben ist hart, vieles kann enorm schieflaufen.
Oft schämen wir uns dann und werden selbstkritisch. Wir fragen uns: „Warum schaffe ich es nicht?" oder „Warum ich?". Vielleicht setzen wir auch alles daran, uns selbst wieder „in Ordnung zu bringen", und machen damit alles nur noch schlimmer. Doch wir können lernen, mit Kummer und Leid auf eine andere, gesündere Art und Weise umzugehen. Anstatt schwierigen Gefühlen mit erbittertem Widerstand zu begegnen, können wir unseren Schmerz anschauen, beobachten und mit Freundlichkeit und Verständnis darauf reagieren. Das ist Selbstmitgefühl: Wenn wir uns so mitfühlend um uns selbst kümmern, wie wir es bei einem geliebten Menschen tun würden.
Erfahren Sie, wie Sie sich dieses Mitgefühl und diese Liebe entgegenbringen können, wenn Sie sie am dringendsten brauchen: Wenn Sie vor Scham fast vergehen, wenn Sie vor Wut oder Angst die Fäuste ballen oder sich zu verletzlich fühlen, um ein weiteres Familientreffen zu überstehen.

„In diesem wichtigen Buch erhellt Christopher Germer die unendliche Vielzahl von Synergien, die zwischen Achtsamkeit und Mitgefühl bestehen. Er zeigt effektive Wege auf, wie wir auf geschickte Weise sicherstellen können, dass wir uns selbst einladen, im liebevollen Herzen des Gewahrseins selbst zu verweilen."

Jon Kabat-Zinn

ISBN 978-3-86781-145-3

Steve Flowers & Bob Stahl

Weites Herz, gelassener Geist

Wie Achtsamkeit und Mitgefühl uns helfen, Gefühle von Minderwertigkeit, Unzulänglichkeit und Scham zu überwinden

Oft sind wir selbst unsere schärfsten Kritiker.

Kennen Sie diesen rastlosen Geist, der sich nicht zum Schweigen bringen lässt? Unsere Gesten, Handlungen, Gedanken – ja sogar unser Leben: Nichts scheint gut genug zu sein.

Weites Herz, gelassener Geist zeigt uns, wie wir mit dieser inneren Stimme umgehen können, ohne uns in ermüdende Kämpfe zu verstricken.

Selbstmitgefühl und Achtsamkeit entlasten uns von Gedanken und Gefühlen der Minderwertigkeit, Unzulänglichkeit und Scham. So treten wir in einen lebendigen Kontakt mit uns selbst und der Welt. Das ermöglicht eine tiefe innere Transformation, die unsere natürliche Intelligenz zum Ausdruck bringt.

ISBN 978-3-86781-072-2

Rick Hanson mit Richard Mendius

Das Gehirn eines Buddha

Die angewandte Neurowissenschaft von Glück, Liebe und Weisheit

Das Gehirn eines Buddha weist uns wirksame Wege, wie wir Liebe, Weisheit und wahres Glück in unserem Leben erfahren können, und erklärt uns auch physiologisch, wie und warum das funktioniert.
Der Strom unserer Gedanken formt unser Gehirn und vermag uns so, neue Möglichkeiten, Handlungsräume und Gefühlswelten zu eröffnen – oder auch zu verschließen. Demgemäß lautet die grundlegende Botschaft aktueller neurobiologischer Forschung: „Indem du dein Gehirn verändern kannst, kannst du dein Leben ändern."
Gestützt auf jüngste Forschungsergebnisse zeigt uns *Das Gehirn eines Buddha* auf, wie wir unser Gehirn stimulieren und stärken können, um zu erfüllenderen Beziehungen und zu einem stärkeren Gefühl von innerem Vertrauen und Wert zu finden.

ISBN 978-3-86781-025-8

Online

Umfangreiche Informationen zu unseren Themen, ausführliche Leseproben aller unserer Bücher, einen versandkostenfreien Bestellservice und unseren kostenlosen Newsletter. All das und mehr finden Sie auf unserer Website:

www.arbor-verlag.de

Mehr von Judith Blackstone

www.arbor-verlag.de/judith-blackstone

Seminare

Die gemeinnützige *Arbor-Seminare gGmbH* organisiert regelmäßig Seminare und Weiterbildungen mit führenden Vertretern achtsamkeitsbasierter Verfahren. Nähere Informationen finden Sie unter:

www.arbor-seminare.de